帝心杜順

高僧傳

華嚴宗初祖

編撰——蔡翔任

【編撰者簡介】

蔡翔任

國立中山大學中文研究所博士，目前任教於國立中正大學中文系、南華大學通識教育中心。研究領域為：明清思想史、經學、儒學與佛教思想。曾在《文與哲》、高師大《國文學報》、《中山人文學術論叢》等期刊，發表多篇學術論文。

【「高僧傳」系列編輯序】

令眾生生歡喜者，則令一切如來歡喜

「為佛教，為眾生」六個字，乃是印順法師於臺北市龍江街慧日講堂（後因大門遷移，地址遷至朱崙街）為證嚴法師授予三皈依、並賜法名時的殷殷叮囑：「既然出家了，你要時時刻刻為佛教、為眾生。」

依證嚴法師解釋：「為佛教」是內修清淨行，「為眾生」則要挑起如來家業，走入人群救度眾生。因此法師稟承師訓，一心一志「為佛教還原教義，為眾生點亮心燈」，而開展慈濟眾生的志業。

歷代高僧之「為佛教、為眾生」

證嚴法師開創「靜思法脈，慈濟宗門」，並將其與「為佛教，為眾生」合釋：「靜思法脈」乃「為佛教」，是智慧；「慈濟宗門」即「為眾生」，是大愛。

進而言之，「靜思法脈，慈濟宗門」即菩薩道所強調的「悲智雙運」：「靜思法脈」是「智」，「慈濟宗門」是「悲」；傳承法脈、弘揚宗門就要「悲智雙運」，積極在人間發揮慈、悲、喜、捨四無量心。此亦即慈濟人開展四大志業、八大法印時的根本心要。

由其強調「悲智雙運」可知，「靜思法脈，慈濟宗門」並非標新立異，而是傳承佛陀教法以及漢傳佛教歷代高僧的教誨——包括身教與言教，並要求身心皆徹底踐履。為了讓世人明瞭慈濟宗門之初心與悲願，也讓這些歷代高僧的事蹟與精神更廣為人知，大愛電視臺秉持證嚴法師的信念，於二〇〇三年起陸續製作《鑑真大和尚》與《印順導師傳》動畫電影，將佛教史上高僧大德的動人故事，經由動畫電影的形式，傳遞到全世界。

因為電影的成功，大愛電視臺進一步籌畫更詳盡的電視版〈高僧傳〉——採取臺灣民眾雅俗共賞的歌仔戲形式。〈高僧傳〉的每一部劇本都是經過數個月的資料研讀與整理，縝密思考後才下筆，句句考證、字字斟酌。製作團隊感受到每一位大師皆以身作則、行菩薩道的特質，希望將每位高僧的大願與大行傳遍世界。

然而，不論是動畫或戲劇，恐難完整呈現《高僧傳》中所載之生命歷程，以及諸位高僧與祖師之思想以及對後世之貢獻。因此，慈濟人文志業中心便就〈高僧傳〉歌仔戲所演繹過的高僧，以《高僧傳》及《續高僧傳》之原著為基礎，含括了日、韓等國之佛教史上的知名高僧，編撰「高僧傳」系列叢書。我們不採取坊間已有之小說體形式，而是嚴謹地參照人物評傳的現代寫法，參酌相關之史著及評論，對其事蹟有所探討與省思，並將其社會背景、思想及影響皆納入，雜揉編撰，內容包括高僧的生平、傳承及主要思想或重要經典簡介。從中，我們不僅可以讀到歷代高僧的智慧與悲心，亦可一覽相關的佛教史地、典籍與思想。

在編輯過程中，我們可以看到歷代高僧之「為佛教，為眾生」：鳩摩羅什飽受戰亂、顛沛流離，仍戮力譯經，得令後人傳誦不絕，乃是為利益眾生；玄奘歷萬里之險取得梵本佛經、致力翻譯，其苦心孤詣，是為利益眾生；鑑真六次渡海欲至東瀛傳戒，眼盲亦不悔，是為利益眾生；六祖惠能隱居十五載以避害身之禍，只為弘揚如來心法，並言「佛法在世間，不離世間覺；離世求菩提，猶如覓兔角」，亦是為利益眾生……

這些高僧祖師大可獨善其身、如法修行以得解脫，為何要為法忘身、受諸逆境而不退？究其根本，他們不只是為了參究佛法，而是深知弘揚大乘佛法的目的乃在於大慈大悲地度化眾生、讓眾生能得安樂；若不能讓眾生同霑法益，求法何用？如《大智度論・卷二七》所云：

面。

一切諸佛法中，慈悲為大；若無大慈大悲，便早入涅槃。由此可知，就大乘精神而言，「為佛教」即應「為眾生」，實為一體之兩面。

「大悲」為「諸佛之祖母」

除了歷代高僧之示現，「為眾生」之菩薩道的實踐，於經教中更是多不勝數、歷歷可證。例如，《無量義經．德行品第一》便說明了菩薩作為眾生之大導師、大船師、大醫王之無量大悲：

無量大悲救苦眾生，是諸眾生真善知識，是諸眾生大良福田，是諸眾生不請之師，是諸眾生安隱樂處、救處、護處、大依止處。處處為眾作大導師，能為生盲而作眼目，聾劓啞者作耳鼻舌；諸根毀缺能令具足，顛狂荒亂作大正念。船師、大船師運載群生渡生死河，置涅槃岸；醫王、大醫王，分別病相曉了藥性，隨病授藥令眾樂服；調御、大調御，無諸放逸行，猶如象馬師，能調無不調；師子勇猛，威伏眾獸，難可沮壞。

如來於《法華經．觀世音菩薩普門品》中宣說，觀世音菩薩更以三十三種應化身度化眾生：

佛告無盡意菩薩：善男子，若有國土眾生，應以佛身得度者，觀世音菩薩即現佛身而為說法；應以辟支佛身得度者，即現辟支佛身而為說法；應以聲聞身得度者，即現聲聞身而為說法；應以梵王身得度者，即現梵王身而為說法；應以帝釋身得度者，即現帝釋身而為說法……應以天龍、夜叉、乾闥婆、阿修羅、迦樓羅、緊那羅、摩侯羅伽、人非人等身得度者，即皆現之而為說法；應以執金剛神得度者，即現執金剛神而為說法。無盡意，是觀世音菩薩成就如是功德，以種種形遊諸國土，度脫眾生，是故汝等應當一心供養觀世音菩薩。是觀世音菩薩摩訶薩，於怖畏急難之中能施無畏，是故此娑婆世界皆號之為施無畏者。

為何觀世音菩薩要聞聲救苦？因為菩薩總是「人傷我痛、人苦我悲」，恆以「利他」為念。如《大丈夫論》所云：

菩薩見他苦時，即是菩薩極苦；見他樂時，即是菩薩大樂。以是故，菩薩恆為利他。

正是因為這般順隨眾生、「以種種形」而令其無畏的無量悲心，讓觀世音菩薩受到漢傳佛教乃至於華人民間信仰的共同崇敬。慈濟人之所以超越貧富、超越國界、超越宗教地去關懷與膚慰需要幫助的生命，便是效法觀世音菩薩無量悲心、無量應化的精神。

在《法華經．普賢菩薩勸發品》中發願、將於佛滅後守護及教導受持《法華經》之眾生的普賢菩薩，於《華嚴經．普賢行願品》中則教導善財童子如何供養諸佛，亦揭示了如來、菩薩、眾生的關係：

於諸病苦，為作良醫；於失道者，示其正路；於闇夜中，為作光明；於貧窮者，令得伏藏。菩薩如是平等饒益一切眾生。何以故？菩薩若能隨順眾生，則為隨順供養諸佛；若於眾生，尊重承事，則為尊重承事如來；若令眾生生歡喜者，則令一切如來歡喜。何以故？諸佛如來，以大悲心而為體故。因於眾生，而起大悲；因於大悲，生菩提心；因菩提心，成等正覺。……若諸菩薩，以大悲水饒益眾生，則能成就阿耨多羅三藐三菩提故。是故菩提，屬於眾生；若無眾生，一切菩薩終不能成無上正覺。善男子，汝於此義，應如是解。以於眾生心平等故，則能成就圓滿大悲；以大悲心隨眾生故，則能成就供養如來。

《大智度論．卷二〇》亦云，佛陀強調，大悲心乃是諸佛菩薩之根本，具大悲心方能得般若智慧，亦方能成佛：

大悲，是一切諸佛、菩薩功德之根本，是般若波羅蜜之母，諸佛之祖母。菩薩以大悲心，故得般若波羅蜜；得般若波羅蜜，故得作佛。

「菩薩若能隨順眾生，則為隨順供養諸佛；若於眾生，尊重承事，則為尊重承事如來；若令眾生生歡喜者，則令一切如來歡喜。」閱及此段，不禁令人深深體會證嚴法師之智慧與悲心：慈濟宗門四大、八印之聞聲救苦、無量應化地「為眾生」，也是同時「為佛教」地供養諸佛、令一切如來歡喜啊！

歷代高僧雖未如慈濟宗門般推動慈善、醫療、乃至於環保、國際賑災等志業，乃因其時空因素，欲度化眾生先以弘揚大乘經教與法義為重；現今經教已備，所須的乃是效法菩薩道之力行實踐！慈濟宗門便是上承歷代高僧與經論之教法，推動四大、八印，行菩薩道饒益眾生，以此供養如來。

換言之，歷代高僧之風範、智慧及悲願，為佛教，也為眾生，此即諸佛菩薩之本懷，亦為慈濟宗門之本懷！這便是《高僧傳》系列叢書所欲彰顯者。

遙企歷代高僧儼然身影，我們可以肯定：為眾生，便是為佛教；為佛教，一定要為眾生！

【推薦序】

華嚴菩薩道——無疲厭行

——江寶釵（國立中正大學臺灣文學與創意應用研究所教授兼國際文化創藝整合發展研究中心主任）

上個月，蔡翔任博士告知《帝心杜順》一書即將付梓，並請我幫忙寫推薦序；欣聞此事，便答應下來。

蔡翔任博士原係我國立中正大學碩士班的學生，對他主動積極的學習態度感到印象深刻。後來他負笈國立中山大學，主要研究明清思想史、經學、佛學。畢業後他又回到中正任教，我時任中文系主任，便邀請他參與教育部、文化局的計劃案，在他認真負責的協助之下，都順利完成。

在拜讀本書之後，由杜順大師的生平來看，初時教化兩河，一生都在下層社會傳教，神異事蹟不斷，並由此得到信眾的信仰，有了「文殊菩薩」化身、「燉煌菩薩」的稱號；並在後來治癒了唐太宗的疾病，而被賜號「帝心」，而有帝心尊者的尊稱。

以高僧傳的行誼來看，或許眾人會聚焦在杜順大師的神異傳教或華嚴宗初祖的身分；筆者卻看到，杜順大師在亂世之中的悲願與慈行。

誠如《大方廣佛華嚴經．離世間品》，普賢菩薩告普慧等諸菩薩言：

佛子！菩薩摩訶薩發十種無疲厭心。何等為十？所謂：供養一切諸佛無疲厭心；親近一切善知識無疲厭心；求一切法無疲厭心；聽聞正法無疲厭心；宣說正法無疲厭心；教化調伏一切眾生無疲厭心；置一切眾生於佛菩提無疲厭心；於一一世界經不可說不可說劫行菩薩行無疲厭心；遊行一切世界無疲厭心；觀察思惟一切佛法無疲厭心。是為十。若諸菩薩安住此法，則得如來無疲厭無上大智。

杜順大師踐履菩薩道的方式，就是「無疲厭行」；菩薩以「無疲厭心」度化眾生，其進路為「悲智相導」。

眾所皆知，在佛教思想中，不論於自利行或利他行上，就是要利益眾生；所以菩薩是為了利他而自利，從利他中完成自利。大乘佛教強調慈悲與福慧雙修，大小乘之區別即在於悲心；悲心必須來自於智慧而生，所以悲心與智慧是一體兩面。悲心如果沒有智慧，稱之為乾慧；智慧如果沒有和著悲心，稱之冷智。菩薩本來早應該入涅槃樂，但是因為心中不捨眾生，於是重新投入生死洪流之中，發誓願度盡眾生，才願證涅槃。如同《大智度論》有云：「大慈遍滿十方三世眾生，乃至昆蟲，慈徹骨髓，心不捨離」，菩薩的大慈滿布十方三世眾生，甚至小至昆蟲；慈心不因其體之大小，全都充塞其中，不予捨離，此即

為菩　「留惑潤生」之顯現。當菩薩在不捨眾生之時，便會顯出一個不捨之相；此不捨之相便會跟著眾生，以接引、度化眾生，直到眾生解脫。

菩薩因為智慧，故不墮入凡夫之愛見悲；因為悲心，故不滯於二乘之寂滅空。杜順大師在悲行上，行腳於二河之間隨機教化；在思想上造〈法界觀門〉、《五教止觀》，為中國大乘佛學華嚴宗奠立基礎。

蔡博士向來喜聞佛法，深具宗教情懷。如今發心以其文學專長，細心梳理史料，以信實之筆為杜順大師作傳，使後人得以景仰大師無疲厭行的慈心悲願及弘法行誼。

基於上述，謹在此向讀者推薦本書！相信深入閱讀之後，定能心生歡喜，有所受益。

【推薦序】

影響後代華嚴諸子的杜順大師

——蔡翊鑫（玄奘大學宗教與文化學系教授）

佛教創教迄今已有二千五百多載，自原始佛教以降已衍生諸多宗派，尤以漢傳佛教、藏傳佛教、南傳佛教為世人所熟悉，其中又以漢傳佛教最為國人所知曉。

佛教於東漢時期傳入中國，初期僅在中原地區傳教。東漢後期，社會動盪不安，人民流離失所，加上稅賦繁重、鼠盜蜂起，朝不保夕的芸芸眾生們急尋心靈之慰藉，讓佛教得以於民間廣為流傳；其宗教思想不僅在百姓間傳誦，亦傳播至士大夫階層乃至帝王，進而影響執政者之施政決策，由此與儒、道二家成為中國思想史上的三大顯學，構成儒、釋、道三足鼎立之勢。

迨至唐朝佛教大興，華嚴宗初祖杜順大師亦倡華嚴宗義，與其他宗派相互輝映；其一生行誼及其思想重點，蔡翔任教授已論述於本書中。蔡教授平日治學嚴謹且待人和善，不論學生或同修向其問道，皆不厭其煩並詳述問題始末，務使問者深明其義，如同杜順大師之治學嚴謹、待人和善且論透佛法清晰明瞭一般。

就杜順大師的生平而言，本書先從佛教傳入中國談起，及後面臨滅佛教難事件、再至隋唐之際佛教復興，杜順大師正值此復興之際，得以研習佛法、宣說華嚴義理。接著，作者論述杜順大師生平事蹟，從家庭背景、出生之際、成長從軍、出家學習等皆有詳細說明。其一生重要著作〈法界觀門〉，成為華嚴宗重要思想，深深影響著後代華嚴諸子之佛法論述，杜順大師因此被後世尊為華嚴宗初祖。

此外，歷代關於《華嚴經》的相關著作頗豐，包括華嚴註疏、華嚴譯本等，皆於本書中羅列，說明其異同與響，使得以讀者一目了然，對《華嚴經》之相關研究有初步了解。

蔡教授對華嚴思想之理解且對杜順大師研究透徹，並將心得論述成書嘉惠讀者，於出版成書之際囑余代為作序，本人有幸先睹全貌。感佩翔任兄教書傳道百忙之際仍能撥冗著書，吾人敬佩之餘並推薦其書。謹上

【推薦序】

文殊現化身，華嚴菩薩行

——釋德晟（現任政治大學華人宗教研究中心客座研究員、曾任慈濟大學宗教與人文研究所博士後研究員）

猶記之前聽講慧璉師父的「中國佛教史」，課程進行至唐代佛教且介紹華嚴宗時，師父給予的主要概念，即華嚴宗並非僅止於《華嚴經》的哲學，其不但統合融貫南北各學派、宗派，更是以「真常唯心」為本的龐大佛學體系；另一重要論述，則是提出曾有學者懷疑華嚴宗的初祖是否為杜順（亦作「法順」）法師。

對於「華嚴初祖」產生疑惑者，聖嚴法師在《華嚴心詮：原人論考釋》述及從宗密《注法界觀門》所提出華嚴宗初、二、三祖乃杜順、智儼、法藏法師，此已是定說，唯近代幾位日本佛教學者持不同意見；而聖嚴法師認為：「實際上若從著作及思想的角度考察，宗密的三祖說，應該是正確的。」

慧璉師父則解說，杜順法師是位具有神通的禪僧，其傳授弟子智儼法師是禪修法門；然智儼法師的義學實是受學於終南山至相寺的智正法師，所學即是《華嚴經》，另又受到地論學派南道派慧光法師著述的《華嚴經疏》影響之；其將以上所學融合，故而開展「教觀並重」的華嚴教學。由重視禪觀與禪修的進路視之，與杜順法師有直接的連結。循以慧璉師父的釋疑，筆者乃從華嚴二祖著重法義與禪修的宗門特質，理解華嚴初祖確實是杜順法師。

本書《帝心杜順》的作者蔡翔任老師，是筆者於中正大學中文所的學長，在中國思想史領域研精鉤深，故撰作杜順法師的傳記，著實相當合適，卻也是艱難的任務——合適之處，乃翔任老師對文獻爬疏、思想析探的功力，堪當此任；艱難之處則為，傳主是生命頗有轉折的僧侶，加上華嚴思想的發展與傳承，甚為宏大精深，鑽研此中深微委實不易。

探究杜順法師的高僧行誼，必然得注意其在《續高僧傳》的分科為「感通」類，屬感通神異僧，卻成為華嚴宗初祖，此於佛教史上的確是非常特出的地位。杜順法師畢生有相當多的神異事蹟，「所以感通幽顯，聲聞朝野」（《續高僧傳・唐雍州義善寺釋法順傳》），從市井到朝廷皆知其不可思議的靈顯能力。從「感通僧」成為「華嚴初祖」（重於義解），如何取捨或平衡這當中的著墨深淺，可以想見執筆者作傳深思竭慮的過程。

本書架構分為「示現」與「影響」二大部分。「示現」部分，書寫杜順法師的生平，從出生亂世、從軍、出家、宣說《華嚴》直至示寂，被視為文殊菩薩之應化身。「影響」部分，則是敘寫華嚴一系的法脈傳承、思想略解，以及從唐代至宋代再至當代的影響，含括華嚴宗的道場，以及在臺灣與日韓的發展。

在華嚴宗的法脈裡，三祖法藏、五祖宗密或許比杜順法師為眾人所知，又或者往後的憨山德清、雲棲袾宏與《華嚴經》的關係也較為出名；然而，筆者卻以為，任何佛教宗門的初祖必然有其殊勝及開道啟後的重要性。誠如杜順法師無論於高僧傳史料、世人流傳的印象裡，所凸顯是其神異的一生；但是，其終身推崇《華嚴經》並踐行文殊菩薩的教示，實是大乘佛法的精神。又因其於所處年代，所呈現（或言受重視）是鮮明的禪修、禪觀形象，故其判教、華嚴思想的相關著作或可能較被忽略，故以義解為底蘊的形象稍嫌薄弱。而回到前述的架構，翔任老師確實盡可能地將杜順法師的貢獻與影響力作中肯之表述。

證嚴上人開示：「歷代高僧以佛法教育人世間的行誼，那樣的精神理念，值得後代引以為典範。」筆者以為，翔任老師的《帝心杜順》一書，將華嚴初祖度化世人的高僧典範平實闡述，也將高僧行誼深刻顯露，著實為認識、瞭解杜順法師的佳作！筆者並非華嚴專家，忝為之序實不敢當，但誠摯樂為推薦，也期盼閱讀本書者皆能欣獲法益與法喜。

【編撰者序】

深入經藏，智慧如海

每一次相遇，都是最美好的邂逅；每一次遇緣，都是最隨順的因緣。

這一次能撰寫杜順大師的傳記，真的是一次美好的因緣。當時德晟法師向我詢問杜順大師傳記的寫作意願時，未經太多思考即應允下來。為何會如此呢？因為，我從小生活在一貫道家庭，奶奶在民國六十二年就在家中設立家庭佛堂。在每個月一次的「修德班」法會中，聽諸位講師上課，總會引用佛教經典；在聽講的過程，總覺得內心寧靜，法喜充滿，就覺得與之有緣。後來，在求學期間，也曾經寫過佛教思想論文；在閱讀佛教經典的過程中，就深覺開啟智慧，自歸於法，所謂「深入經藏，智慧如海」。

在這次寫作過程當中，透過杜順大師的帶領，讓我初步認識了《華嚴經》「二十重華藏莊嚴世界海」的種種莊嚴妙寶，含藏著一切世界，無所不攝，深廣而無窮無盡，展現出不可思議的境界。也知道菩薩會「留惑潤生」以「無疲厭行」來踐履菩薩道；還有，善財童子在五十三參的過程中，充滿求法的熱忱，在通向成佛之道、證入法界的過程中，學菩薩行、修菩薩道。諸菩薩（善知識）分別教他不同法門，如德雲比丘說憶念一切諸佛境界智慧光明普見法門、休捨優婆夷說離憂安隱幢解脫門、彌伽長者說妙音陀羅尼光明法門、觀自在菩薩說菩薩大悲行門等，每一法門皆指出轉煩惱為菩提之道，這也是我們應該學習之道，令吾輩快速成就。

《華嚴經》匯集了完整的佛教思想，不但詳細闡述了從初發心到如來地的行法理論和行法次第，更是佛教修行者修行實踐的核心依據，藉由誦讀《華嚴經》認識佛心所顯現華嚴世界的清淨莊嚴，才能覺悟自心本具的富貴，所謂「不讀華嚴，不知佛家富貴」。

在這次的寫作當中，當然也遇到一些困難，在釋道宣《續高僧傳・釋杜順傳》與釋續法《法界宗五祖略記・初祖杜順和尚》的僧傳當中，因為杜順大師史料的有限，再加上「神異」的傳教方試，如何信實地呈現其一生，就是這次的難題（也因此缺少「年譜」的編寫）。在不多的文獻當中，我總想嘗試著去建構、回溯杜順大師的生活點滴與弘法的心路歷程，但總是有心無力、難以描繪，這或許是才情所限吧！

另外，我更想敘述杜順大師如何從一位行履各地、感通化導百姓的雲水遊僧，一轉成為開創華嚴宗思想之華嚴初祖的過程。在僧傳中，從未見到杜順大師直接弘傳《華嚴》的事蹟與文字，但他卻寫出〈華嚴法界觀門〉一文，提出了「真空觀」、「理事無礙觀」與「周遍含容觀」等三重觀門，直接影響了後世華嚴宗歷代祖師，也使華嚴宗成為中國大乘佛教八大宗派之一，影響了中國佛學，並廣傳至日本、朝鮮等地，教化無數的佛門弟子。

致謝：本文的完成，首先要感謝我的家人，沒有他們的支持，也就不會有本書的完成。復次，要感謝慈濟大學宗教與人文研究所博士後研究員德晟法師和國立中正大學中文系廖涓晴學姊，在我寫作的過程中，給我適時的鼓勵與即時的意見交流；還有慈濟傳播人文志業基金會主編賴志銘博士，在我寫作陷入苦思時，給我寫作的方向與適當的建議。當然，該感謝的人很多，無法一一致謝，謹就此文，一同感謝。

最後，誠如《華嚴經．淨行品》所言：

自皈依佛，當願眾生，體解大道，發無上心；自皈依法，當願眾生，深入經藏，智慧如海；自皈依僧，當願眾生，統理大眾，一切無礙。

願十方善信，深入經藏，契入海印三昧——「事事無礙」。

【本書編輯序】

「你中有我、我中有你」、相互輝映、重重無盡的華嚴世界觀

——賴志銘（國立中央大學哲學博士）

《華嚴經》為華嚴宗據以建立其龐大思想體系之經典，其內容乃是釋尊證成無上正等正覺後，對其內自證及自受用之境界——即「一真法界」——所作之開演。本經境界之深遠幽玄，其結構規模之壯麗精緻，在佛教經典乃至於世界之宗教書籍中，恐無能出其右者。

華嚴諸師——法順、智儼、法藏、澄觀、宗密等人，皆以《華嚴經》所彰顯之宗教經驗，將種種象徵境界，歸納並轉化為哲學思想，從而建構起一套圓

融無礙的哲學體系。其可謂對佛教「緣起性空」思想最深且最高之詮釋。

華嚴哲學以諸般理論欲將《華嚴經》圓融無礙、互攝互入的境界充分展現出來，如「法界觀」、「四法界」、「六相圓融」、「十玄門」等。這些理論充分開顯了實踐—認識主體與整個宇宙相即相入、圓融無礙的關係。

在各種緣起觀中，實以「法界緣起」說最為究竟。其基於「互攝性原理」，宇宙萬法無不「相即」、「相入」、「相攝」；說明一切法時，可以說是法法具備，一法可演為一切法，一切法即是一法，宇宙萬象統貫融攝、交相互容，而形成重重無盡的「一法界大總相法門體」。其思想的根源則是杜順大師從《華嚴經》中所淬鍊出來的「華嚴法界觀」。

由「周遍含容觀」、「事事無礙法界」到「十玄門」，華嚴宗建立了世間諸法皆相即相入相攝、圓融無礙、無窮無盡的思想體系。將其落於人際乃至於人與整個宇宙的關係來看，則華嚴法界觀無疑地含蘊著最為圓融無礙的「互為主體性」（Intersubjectivity）思想。

此處的「互為主體性」，我採用的是法國存在主義哲學家馬賽爾（Garbriel Marcel）的觀點。在同為法國存在哲學家的沙特（Jean-Paul Sartre）看來，「他人即地獄」、即客體，我與他人的關係為 I and he, I and it；然而，在馬賽爾看來，他人是可以豐富我的生命、與我互為開放的主體，我與他人的關係為 I and You，兩者皆立於平等的地位，無主客體之區別。

也就是說，自己與他人的關係從「主客二元」關係轉變為主體與主體的一元關係、「我與你」的關係，這就是「互為主體性」或「主體際性」。人只在被視為不可客體化的主體時，才有自己的尊嚴。「我」不再是一個中心，一個獨立於時空的存在，而是與另一個「你」進入「我與你」關係中的真正主體。

馬賽爾認為，因為每一個「我」本質上乃是「我們」，因有「我與你」關係內在於主體深廣。所謂「你」，並非只是一單純的代名詞，而是雙方發自內心之彼此信任及接受所建立之關係。

在此事事無礙法界中，每個人皆是主體，亦皆是他人的客體；但主客之間，不論是一人對一人，或是一人對家庭、對社會，或是家庭對家庭、社會對社會之間，皆是彼此互攝，相依相成，不失自身之主體性，卻又相互影響。整個時空的人際關係皆緊密交織，每個人的動心起念、一言一行，都會對他人造成如骨牌效應般的影響。有段頗為詩意的文字可形容之：

我們同時存在一個水晶世界，我們每個人都是水晶體，其中任何人不管在任何不同的位置，都會在水晶體裏面交互映攝，如果水晶體中某一個個體一動，全體水晶內的影像亦隨之動。如此，在這無限時空的宇宙劇場中，當你動時，整個劇場跟著你動，這時你就是普賢菩薩；若另一人在動時他即是普賢。你在動時其他人都是你的配角；而他人動時，你也就成其配角了。（洪啟嵩，《宇宙的實相》）

此外，依當代方東美先生的說法，可以將「事法界」理解為森羅萬象的林林總總，亦即構成一切現實世界的構成因素；「理世界」則理解為一切超越現象之真善美聖的價值世界。通過對「華嚴法界觀」的受持，便能領會最高的宗教價值；再透過實踐的修持及精神的證悟，便能將此價值開顯出來。

因此，我們須以自身生命培養真實的智慧（般若），並用這無限的智慧建立一座具有溝通種種對立的橋梁，這橋梁便是「大悲心」。在大悲心的觀照下，才能令所有的人類皆具平等觀，在所有事物上皆達至平等觀；如此不但能將相互區隔的觀念化除，也能將時空的隔閡化除，還能進而將人性上的隔閡化除。如此，便能啟發出一顆純粹無執的真心，將一切人性均予以崇高化，現實世界當然也隨之崇高化。

換言之，當我們的精神理想在人類生命領域中展現之後，還能將整個宇宙的森羅萬象予以點化，令世間諸法成為一精神領域，能夠對塵世上的一切內外、上下、主客的隔絕在精神上培養出精神的橋梁，可以貫通內外、上下、主客之別，最後達至圓融和諧、無礙自在的大圓滿解脫境界。再以此觀照與展開至家庭、社會及一切有情眾生，便能一一將所有二元對立的意向化解，而構成一個廣大和諧、事事無礙、圓融無盡的生活世界，此即統一、和諧又莊嚴的「華藏世界」。由此已可了知，華嚴思想在「互為主體性」之構成方面的殊勝。

由華嚴法界緣起思想觀之，每個人都是緣起性空，任一主體與他人（客體）皆在一大緣起之中，處在一重重交織的關係網絡，「牽一髮而動全身」；十方三世的眾生交互相攝，主客交融無礙。以「因陀羅珠網」喻之，每個人自身的生命都是一個光明的核心，他的生命所散發出來的光輝，會反映到第二個人、第三個人，乃至無窮無盡的有情眾生，彼此相互映照。如此，人與人之間的關係，便像光一樣地互相映照、相即相入、互攝重重地「交光相網」，或像水與波般地「交波相融」，互相涵攝，無窮無盡。

就人與世間萬物的關係來說，眾生間之所以相即相入、互攝無礙的關鍵何在？其關鍵就在於「大悲心」。方東美先生認為，在大悲心的觀照下，萬物終得達至平等無礙；日本禪學大師鈴木大拙則以為：

使華嚴的事事無礙法界之動力運轉，那不外是大悲心；就因這大悲心的緣故，人類個體才能打破其界限，與其他多數個體遍容攝入。（《佛法大義》）

日本當代華嚴學權威鎌田茂雄博士亦言：

自他個物的圓融，從實踐上來說，是成立於大悲的世界。法界緣起的圓融無礙的世界是大悲的世界，這是法界緣起的現代意義所在。大悲與慈悲的世界，從社會的角度來說，是社會連帶性的確立所致。個人是獨立自有的存在，同時也是社會的一員，與社會有連帶感。

由此可知，馬賽爾所言的「愛」，及華嚴思想所云之「大悲心」，實為主體發揮其無限性，走出自己，打破主客隔閡，相互交融無礙的關鍵所在。其作用則有待於進一步研究。

已故大哲方東美先生（西元一八九九至一九七七年）著有精彩闡釋華嚴宗思想的《華嚴宗哲學》一書，其點出了杜順大師的重要性：

在華嚴宗的思想裡面，幾乎可以說那個開山祖師杜順，他已經面面顧到它以後在兩百多年中，對於各種思想問題的發展，而且他都能拿極短的寥寥一二千字，或三四千字，就可以把許多重要的問題都照顧到了。從這一方面上看，杜順可以說是中國大乘佛學開始祖師中的第一人。

在本書中，蔡翔任教授彙整了關於華嚴經、華嚴宗、以及杜順大師的相關傳記資料，包括華嚴宗於臺灣的發展，簡擇後匯於一冊，對讀者大有裨益，能於本書中便可掌握杜順大師之傳法、度眾歷程及華嚴宗思想之梗概。

期盼讀者們能以此書為敲門磚，深入華嚴世界，了悟所有生命以及世界皆是「你中有我、我中有你」，相互輝映，交融無礙。

目錄

示現

《華嚴》見無量門；諸大乘經，猶《華嚴》無量門中之一門耳。《華嚴》，天王也；諸大乘經，侯封也；諸小乘經，侯封之附庸也。

影響

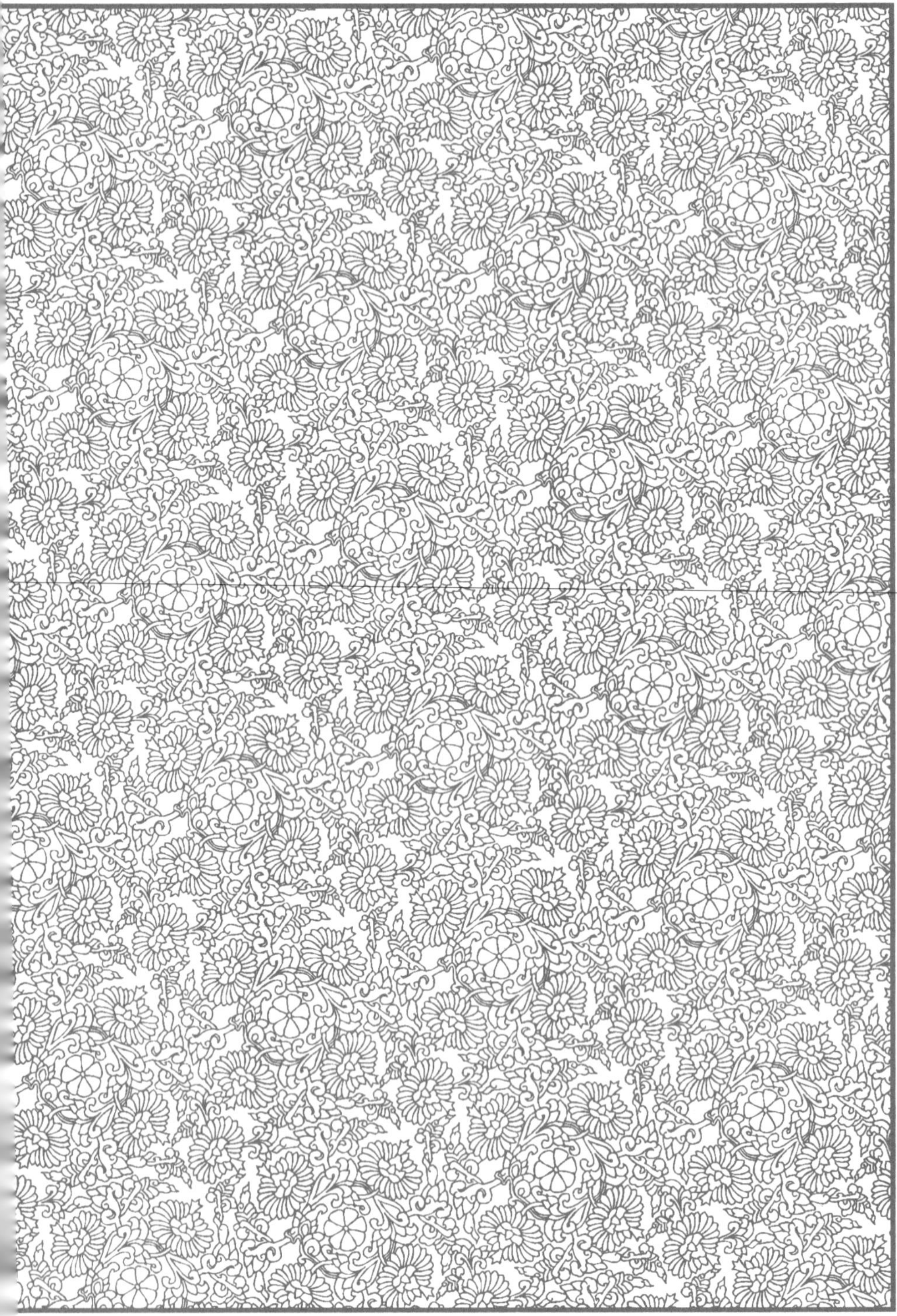

示現

前言　關於《華嚴經》與華嚴宗初祖

《華嚴》見無量門；諸大乘經，猶《華嚴》無量門中之一門耳。《華嚴》，天王也；諸大乘經，侯封也；諸小乘經，侯封之附庸也。

「天台宗」與「華嚴宗」乃中國佛教之雙璧，此二宗皆吸納了原有之印度佛學理論，揉合中國本土之思想特色，而建立其起高明精微之龐大佛學體系。

華嚴宗之所以稱「華嚴」，乃是因其思想乃是由《華嚴經》之經義所建構。因此，在述說華嚴宗初祖杜順大師的修學歷程前，或應先了解華嚴經之由來與重要性，由此彰顯以《華嚴》立宗之卓然。

不讀《華嚴》，不知佛家富貴

眾所周知，在大乘佛教中，有三部佛經是佛教徒公認的「經中之王」，分別是《華嚴經》、《法華經》與《楞嚴經》（註一），明代憨山大師（西元一五四六至一六二三年）曾對這三部經典給出評語：

不讀《楞嚴》，不知修心迷悟之關鍵；

不讀《法華》，不知如來救世之苦心；

不讀《華嚴》，不知佛家之富貴。

憨山大師之語實來自華嚴五祖宗密。宗密大師在《大方廣佛華嚴經普賢行願品別行疏鈔》便云：「不讀《華嚴經》，不知佛富貴。」明代蓮池法師（蓮池袾宏，西元一五三五至一六一五年）則云：

《華嚴》見無量門；諸大乘經，猶《華嚴》無量門中之一門耳。《華嚴》，天王也；諸大乘經，侯封也；諸小乘經，侯封之附庸也。

因此，《華嚴經》亦被視為諸大乘經典的「王中之王」。

為何《華嚴經》會有如此高的評價呢？因為，依大乘佛教來說，《華嚴經》是佛陀在菩提樹下悟道後宣說的第一部經典，含攝其全部教法精義，直接彰顯了釋迦牟尼佛廣博無盡、圓融無礙的因行果德，堪稱經中之海，無所不攝，展現出不可思議的境界。

曹郁美博士曾於網路版《人間福報》的專欄中指出《華嚴經》的義理思想特點，茲整理如下：

一、它指出了一條成佛之道——信、解、行、證的歷程。最典型的例子是〈入法界品〉的善財童子五十三參，每一次參訪善知識就是一次生命的洗禮。

在《華嚴經》中，善財童子五十三參等覺菩薩（成佛的前一位階），諸菩薩為善財童子示現妙三昧門、陀羅尼門；在極短的時間內，善財童子便證得等覺菩薩。由此可知，《華嚴經》的義理能令眾生快速成就，因此也稱之為「頓教法門」。

二、它指出菩薩行（註二）是成佛的必要條件，菩薩行則表現在發菩提心，發菩提心又表現在對眾生起大悲心、對自己起覺醒之心。《華嚴經》云：

如是虛空界盡，眾生界盡，眾生業盡，眾生煩惱盡；我此行願，無有窮盡。念念相續，無有間斷；身語意業，無有疲厭。

澄觀《華嚴經疏鈔》對此注曰：「悲故能度，智故無疲。」又云：「悲智相導，度眾生而不疲。」簡言之，菩薩因為具悲心，故能度眾生；因為有智慧，故能不疲厭。（註三）

三、它指出眾生皆有佛性，只因妄想執著，而蒙蔽了自性，不得出離。六十卷本《華嚴經》云：

奇哉奇哉！云何如來具足智慧在於身中，而不知見？我當教彼眾生覺悟聖道，悉令永離妄想顛倒垢縛，具見如來智慧在其身內，與佛無異！

這段經文可與《法華經》之「窮子懷珠」喻相呼應。

四、它指出了世間一切善惡美醜的對立，皆在如來證悟之圓融無礙境界中泯絕；如此，則小可入大、大可入小，一即是多、多即是一，達到大小無礙、人我無礙的絕對境地。此即知名的「一多相即」概念，經華嚴宗發揚光大。

五、它提出有別於以往的「多重無盡宇宙觀」，把空間無限擴大，成為佛土無邊、眾生無邊的世界，時間亦跨過去、現在與未來。此「十方三世」思想無形中幫助眾生拓展視野、打開心量，佛心等同眾生心，成為「心佛與眾生，是三無差別」的境界。

六、它為眾生建構了一個如來之「不可思議境界」，諸佛菩薩在此境界中現智慧、功德、願力、瑞相、神變，令讀者深深著迷，產生「雖不能至、心嚮往之」的心情。

《華嚴經》展現的世界觀是「華藏世界海」。據〈華藏世界品〉描述，此世界立於香水海中、蓮華之上，種種妙寶莊嚴，含藏一切世界，深廣無窮也。此世界海，有須彌山，微塵數風輪所持；此微塵數風輪，最在上者，名殊勝威光藏，能持普光摩尼莊嚴香水海，此香水海出大蓮華，名種種光明蕊香幢，此世界海，住在其中，四方均平，清淨堅固，金剛輪山，周匝圍繞，地海眾樹，各有區別。金剛輪山內所有大地，一切皆以金剛所成，諸摩尼寶以為間錯，普現如來所有境界，如天帝網於中布列，是無窮無盡、諸佛菩薩充滿整個世界。其境界是「一真法界」、「圓融無礙」，如經上所說，能夠「於一毫端現寶王剎，坐微塵內轉大法輪」。

我們在讀誦《華嚴經》時，能讓你了解自己的心是如同佛陀的心；在佛陀的眼中，一切眾生自性皆與諸佛相同，從凡到聖，實相的狀態皆是光明，皆是寶藏，皆是清淨涅槃，是福慧兩足的心。所以說，只要細讀《華嚴經》，就可以深知佛家富貴。

釋迦牟尼佛定中宣說《華嚴》

釋迦牟尼佛誕生於西元前六二三年，出身尊貴，係釋迦族，為印度迦毗羅衛國淨飯王的太子，名叫悉達多（Siddhārtha）。某次外出巡遊時，在所經過的路上看見許多老人、病人、死者和修行者躺臥街邊，衣衫襤褸、面容戚苦，於是深思人間四種苦——生、老、病、死。

釋迦佛常深思，人生為何有苦？自己又該如何解決這些人生的永恆難題呢？於是常在閻浮樹下沉思，仍不得離苦之道。在他二十九歲那年，長子羅睺羅出生，這是人生一個重要的轉捩點；他決定趁著月夜，乘馬出家修道。《雜阿含經》明載：「世尊即為說偈言，始年二十九，出家修善道。」

但有親族五人趕上，希望勸他打消出家的念頭；可是悉達多太子出家的意志非常堅決，任憑五人怎樣勸說也不受動搖。五人就共同商議，既然沒有辦法完成任務，把太子請回王宮，怎麼能回去向國王覆命？不如留下，跟隨及侍候太子，也好讓國王放心。這五人為：馬勝比丘、跋提（小賢）、拘利（或稱為摩訶男，中譯叫大名）、憍陳如。

釋迦牟尼於菩提樹下證悟而成正覺（佛陀）之後，開始在鹿野苑傳教，先傳四諦法，此五人便由此悟道證果。依《佛說四十二章經．經序》載：

世尊成道已，作是思惟，離欲寂靜，是最為勝；住大禪定，降諸魔道。於鹿野苑中，轉四諦法輪，度憍陳如等五人而證道果。復有比丘所說諸疑，求佛進止；世尊教敕，一一開悟；合掌敬諾，而順尊敕。

世尊開始講經說法四十九年，一開始是向五大比丘說法，後來弟子慢慢增加；最終長期追隨佛陀者，大約是一千二百五十位大阿羅漢。如《楞嚴經》所載：「如是我聞，一時佛在室羅筏城祇桓精舍，與大比丘眾千二百五十人俱，皆是無漏大阿羅漢。」

依大乘佛教所傳，《華嚴經》是釋迦牟尼佛於菩提樹下成道後，在禪定中為文殊、普賢等大菩薩顯現無盡法界時所宣講。《華嚴經》（梵名 Mahāvaipulya Buddhāvataṃsaka Sūtra）全稱《大方廣佛華嚴經》。「大」有體性包含的意義；「方廣」指的是業用周遍；「佛」是果圓覺滿者。「華嚴」是譬喻菩薩因位之萬行如華，以此華莊嚴佛果地；另一方面，佛果地之萬德如華，以此華莊嚴法身，也因此稱為「華嚴」。

《華嚴經》在大乘佛教經典中的地位非常重要，對大乘佛教思想的發展具有重大影響。歷代華嚴學者認為，此經主要是法身佛毗盧遮那佛（註四）所說，經中描繪了毗盧遮那佛的淨土蓮華藏世界（註五）的莊嚴境界，以及毗盧遮那佛於海印三昧（佛陀證得之定境，如大海般映現世間萬象）內，與普賢菩薩等諸多大菩薩眾，為與會諸大菩薩說深奧妙法。主要內容有七處八會（或七處九會），是說佛成道後在菩提場、須彌山等七個地方，藉普賢、文殊等諸大菩薩眾，八次（或言九次）宣說毗盧遮那佛的因行果德廣大圓滿、無盡無礙。經中說佛法奧義遍於十方虛空法界，及一一微塵毛端剎土；如因陀羅網，交相輝映，無窮無盡，無邊無際。這就是所謂圓滿法輪，稱法界之談。

《華嚴經》的中心思想是從「法性本淨」觀點出發，闡發法界諸法等同一味，一即一切、一切即一、無盡緣起等理論。在修行實踐上依「三界唯心」說而強調解脫的關鍵在於心，並提出自下而上的「十地」說，展現修行過程中十個不同的修行階位；修習者依十地而行，輾轉增勝，最終進入佛地境界，即清淨法界。

因此經為佛陀自內證境界的展現，因而有「經中之王」、「佛經之母」的美譽。

龍樹入龍宮，攜出《華嚴經》

釋迦牟尼佛一開始在禪定中為文殊、普賢等大菩薩顯現無盡法界時所宣講的《華嚴經》，並不是後世佛教徒所看到的經文；而是當佛滅度六百年後，由龍樹菩薩（梵名 Nāgārjuna，另譯為龍猛、龍勝，音譯為那嘎呵朱訥、那伽閼剌樹那、那伽阿順那）於西元二世紀左右所寫下。（註六）

龍樹菩薩出生於南印度高貴的婆羅門家庭。據釋志磐《佛祖統紀》所載，他出生於樹下，又曾入龍宮聞經而成道，故被稱之為「龍樹」。

龍樹從小天資聰穎，遇事敏捷；少年時就開始學習古印度吠陀經典，曾誦四韋陀典（註七）各四萬偈，背誦其文，更在無人教導的情況下領略其深義。其他的世俗知識，如：天文、地理、圖緯、祕讖等方術，更是無所不精。

其在弱冠之前，就將四韋陀典、世法都學完了，才情無雙，成為當時社會中的名人，受人景仰。不只如此，他更癡迷於各種外道方術等神通的學習。所謂「物以類聚」，他的身邊也圍繞著一群追求神通的朋友。有一次，他對三個婆羅門好友說：「天下學問我們都已學遍，幽深難懂的哲理也已經通達，以後還有什麼樂趣？縱情聲色是人生最快樂之事。然而，我們既非王公貴族，也非修道之士，不能隨心所欲；只有學習隱身術，才能得償所如願。」朋友三人深有同感，於是一同向外道學習隱身術。在一番努力修練之後，龍樹與朋友很快就掌握了隱身術的奧祕。

龍樹就向婆羅門好友說：「大家都學會了隱身術，為了試試看誰的法術最強，你們敢不敢到守備最嚴格的皇宮闖一闖？」

此時，他們的爭勝心就出現了。龍樹四人依仗隱身術，經常出入王宮之中；一開始只是在皇宮外圍走走看看，衛兵果然沒有看到他們。幾次之後，他們變得大膽，並出現了貪、瞋、癡三毒，開始恣情取樂，甚至會輕薄宮中美女，更進而強拉妃子、宮女入房行苟且之事，還讓美女懷了身孕。

國王知道後，覺得事態嚴重，後宮竟有妃子紅杏出牆，大為惱火，準備嚴加責問。妃子、宮女們哀泣說：「不是我們不守婦道，而是在睡夢中有妖人作祟！請國王明鑑，並為我們作主。」

國王半信半疑，皇宮中怎麼會出現這種怪事？於是在上朝時找大臣們商議，請他們提出對策；若有人可以解決問題，懸賞黃金百兩。

有一位見多識廣的年老大臣說：「這等怪事聞所未聞；若是真的，只有兩種可能：一是鬼魅作祟，一是術士搗亂。鬼魅屬靈體，不可能使妃子、宮女懷孕，臣推斷應該是後者。若要驗證，大王可以派人以細土撒於後宮房間之中，並派人躲在暗處監視；若是術士入侵，地上便會現出足跡，躲在暗處的武士則可以用刀斧砍殺。」國王大喜，馬上派人準備將這些禍害一網打盡。

另一方面，龍樹四人不知皇宮已有防範，仍準備偷偷入宮歡娛取樂。在他們踏入後宮之時，地上的細土果然出現他們四人的腳印；隱藏於門後的武士，馬上緊閉房門，手上大刀猛力砍向有腳印之處。龍樹的三個朋友無處可躲，很快就身首異處，血濺四方，當場死亡。

就在死亡陰影迫近的當下，龍樹靈機一動，知道武士必定不敢向國王揮刀，於是身形一移，躲在國王身後，停止呼吸，一動都不敢動。

看著好友慘死，懊悔與無助在心中不斷出現，他好希望自己沒有學隱身術，也沒有向朋友提起要到宮中取樂，好友或許就不會死於非命。他在心中暗自發誓：「若我能夠逃脫此劫，必定皈依佛門，出家為僧。」

武士等了一刻鐘之後，看著地上細土再也沒有出現腳印，以為術士已死盡，便放下大刀，收拾屍身、向國王報告之後，就整隊井然地退出後宮。

當龍樹逃出王宮之後，回想自己先前荒唐往事，幡然悔悟，於是遵守誓言，皈依佛門，加入僧團。

出家後的龍樹，憑藉著自身的聰明才智，很快就熟讀佛教三藏。為了修習更深奧的大乘佛法，他獨自前往雪山（或為喜馬拉雅山）的寺廟。龍樹在大雪紛飛、積雪數尺的山中艱難前行，不達目的、誓不回頭。

向佛寺老比丘求教，經過三個月的學習，他已習得了「摩訶衍」（Mahāyāna，即「大乘」之意）佛法的精髓。為了驗證自己的所學正確無誤，他到處找人論辯，其他人都辯不過他；面對外道的質疑，也能輕鬆用佛法回應，並使他們折服。此時，他心中又逐漸產生了貢高、驕傲之心。

某一次論辯後，有一個外道刁鑽地對龍樹說：「龍樹，你的才情天下無雙，我們辯論不及你。但你自稱佛弟子，表示你仍不及世尊，世尊才是世上真正的智者、覺者。」龍樹被說得啞口無言，無法反駁，卻也激起貢高我慢的勝負心，想要自立教法、戒律、改造服裝，和原有的佛教僧團互別苗頭。龍樹的弟子們也贊同龍樹的作法，準備離開，另立僧團。

這樣的舉動，大龍菩薩（註八）看在眼中，覺得這麼優秀的年輕人若就此迷失，相當可惜，便特地來開悟他。

鳩摩羅什《龍樹菩薩傳》載：

獨在靜處水精房中。大龍菩薩見其如是惜而愍之，即接之入海。於宮殿中開七寶藏，發七寶華函，以諸方等深奧經典，無量妙法授之。龍樹受讀九十日中，通解甚多；其心深入，體得實利。龍知其心，而問之曰：「看經遍未？」答言：「汝諸函中經多，無量不可盡也；我所讀者，已十倍閻浮提。」龍言：「如我宮中所有經典，諸處此比，復不可數。」龍樹既得諸經一相，深入無生，二忍具足。龍還送出於南天竺，大弘佛法，摧伏外道。

大龍菩薩看龍樹遍讀諸多妙法經典之後仍有著貢高、傲慢之心，便告訴他龍宮藏經閣內典藏著更多大乘佛典，其中便包括世尊所說的《華嚴經》。此經總有上本、中本、下本三個版本：「上本」有十個三千大千世界微塵數偈、一四天下微塵數品（註九）；「中本」有四十九萬八千八百偈、一千二百品；「下本」有十萬偈、四十八品（或謂三十八品）。

龍樹在龍宮待了很久，最後抄出我們所見的十萬偈《八十華嚴》，這僅是其中的「下本」部分而已；上本、中本因卷帙龐大、義理深奧而未攜回。

原為十萬偈的《華嚴經》，東晉時傳到中國更只有三萬六千偈，這就是晉譯的六十卷《華嚴經》，也稱為《六十華嚴》。

唐代女國主武則天是虔誠的佛教徒，對於《華嚴經》非常喜愛，總覺得晉譯的六十華嚴欠缺太多了，所以派了特使到印度去尋求更完整的版本。後來又派使者邀請西域高僧實叉難陀（Śikṣānanda，西元六五二至七一〇年）來到中國，主持翻譯《華嚴經》。

實叉難陀法師帶來了《華嚴經》，雖仍不完整，但是比晉譯多出了九千頌，所以一共有四萬五千頌。譯成之後，武則天初閱此本《華嚴經》時，因體會佛法的高妙深奧，心生歡喜，故有感而發，為這部大經題了一首〈開經偈〉：

無上甚深微妙法，百千萬劫難遭遇；
我今見聞得受持，願解如來真實義。

這首偈後來便成為佛教信眾讚歎佛法的開經偈。實叉難陀的譯本之後稱為《八十華嚴》，現在流通的即是這個版本。

《華嚴經》譯本、注疏

一、單行本

關於《華嚴經》的梵本，自古以來即有種種異說。據華嚴三祖法藏《華嚴經傳記．卷一》的記載，龍樹菩薩在龍宮中見到《華嚴經》有上、中、下三本，其中上本與中本的頌數品數眾多，非一般人所能受持，所以隱而不傳；所傳的下本，即是十萬偈、四十八品（或謂三十八品）的《華嚴經》。其後，世親菩薩作《十地經論》以釋〈十地品〉，金剛軍、堅慧等論師也造有〈十地品〉的釋論。緣此，《華嚴經探玄記》，將之分為恆本、大本、上本、中本、下本、略本等六本。

《華嚴經》傳入中國之前，是先有別行本的傳入。法藏《華嚴經傳記》曾列舉這類別行譯本三十五部，今略就現存各本並對照唐譯各品會（著錄於括號中）列載如下：

《佛說兜沙經》一卷（如來名號品、光明覺品），後漢．支婁迦讖譯。

《佛說菩薩本業經》一卷（淨行品、十住品），三國．吳．支謙譯。

《諸菩薩求佛本業經》一卷（淨行品），西晉．聶道真譯。

《菩薩十住行道品》一卷（十住品），西晉．竺法護譯。

《菩薩十住經》一卷（同上），東晉．祇多密譯。
《漸備一切智德經》五卷（十地品），西晉．竺法護譯。
《十住經》四卷（同上），後秦．鳩摩羅什譯。
《佛說十地經》九卷（同上），唐．尸羅達摩譯。
《等目菩薩所問三昧經》三卷（十定品），西晉．竺法護譯。
《顯無邊佛土功德經》一卷（壽量品），唐．玄奘譯。
《佛說校量一切佛刹功德經》一卷（同上），宋．法賢譯。
《佛說如來興顯經》四卷（如來出現品），西晉．竺法護譯。
《度世品經》六卷（離世間品），西晉．竺法護譯。
《佛說羅摩迦經》三卷（入法界品），西秦．聖堅譯。
《文殊師利發願經》一卷（同上），東晉．佛馱跋陀羅譯。
《大方廣佛華嚴經入法界品》一卷（同上），唐．地婆訶羅譯。

《佛華嚴入如來智德不思議經》二卷（普光法堂會），隋．闍那崛多譯。
《大方廣入如來智德不思議經》一卷（同上），唐．實叉難陀譯。
《大方廣如來不思議境界經》一卷（別本華嚴），唐．實叉難陀譯。
《大方廣佛華嚴經不思議佛境界分》一卷（同上），唐．提雲般若譯。
《大方廣佛華嚴經修慈分》一卷（同上），唐．提雲般若譯。
《大方廣普賢所說經》一卷（同上），唐．實叉難陀譯。

二、漢譯《華嚴經》三種譯本

一、東晉．佛馱跋陀羅所譯的六十卷本，又稱《舊華嚴》、《晉經》（舊譯，七處八會，西元四一八年譯出）。

二、唐．三藏實叉難陀所譯的八十卷本，又稱《新華嚴》、《唐經》（新譯，七處九會，西元六九五年譯出）。

三、唐．般若所譯的四十卷本，又名《四十華嚴》，全稱《大方廣佛華嚴經入不思議解脫境界普賢行願品》，略稱《普賢行願品》，又稱《貞元經》（八十卷中《入法界品》之異譯本，西元七九六年譯出）。

三、藏譯《華嚴經》

收錄於藏傳佛教《甘珠爾》（註一〇），共四十五品，三萬九千三十頌；前四十四品相當於《八十華嚴》的前三十八品，最後一品相當於《入法界品》。其經文原初來自西域于闐王國（或稱「和闐王國」），勝友、智軍等共譯，遍照校。內容與漢文本多有不同，並多出兩品，分別是第十一品〈如來華嚴品〉與第三十二品〈普賢宣說品〉（《大方廣普賢所說經》），位於〈十地品〉後、〈十定品〉前。

在藏傳佛教裡，極為推崇《華嚴經．普賢菩薩行願品》。

四、《十地經》（《華嚴經》〈十地品〉）論釋

依大乘佛教教理，修習菩薩道之行者，需經歷重重階段方能成佛。諸經所言經歸納後，大致包括「十信、十住、十行、十回向、十地、等覺、妙覺」等五十二個階位；「十地」指的是菩薩行者要經歷的最後十個修行階段。《華嚴經》中有〈十地品〉——單行本為《十地經》，便是對菩薩十地的闡釋。

龍樹菩薩與世親菩薩（Vasubandhu，或譯「天親」，音譯婆藪盤豆、筏蘇盤豆、伐蘇畔度等）都對《十地經》作過註解。龍樹菩薩所著為《十住毗婆沙論》，又稱《十住論》、《十住毗婆沙》；本書的梵文本已失傳，也沒有藏譯本，現存漢譯本。世親菩薩所著者為《十地經論》。

對於「十地」的名稱，《十地經論》與《六十華嚴》皆為：

初歡喜地、二離垢地、三明地、四焰地、五難勝地、

六現前地、七遠行地、八不動地、九善慧地、十法雲地。

《八十華嚴》只有兩地名稱不同：三「發光地」、四「焰慧地」。以下對此十地略為說明——

（一）**歡喜地**：初地菩薩；歡喜正法，其特徵：成就多歡喜、多淨信、多愛樂、多適悅、多欣慶。進入此境界，菩薩斷除容易執著分別的凡夫性障，菩薩因此獲得遠勝世間的快樂。

（二）**離垢地**：二地菩薩；一登此地，圓滿「持戒波羅密」。由於戒行清淨，能積極修行使「十善業道」（十善道）。遵循十種善業，斷除禁戒的邪行。

（三）**發光地**：三地菩薩；定力深厚，得聞持陀羅尼，引發聞慧與思慧，此斷除暗鈍之思想。

（四）**焰慧地**：四地菩薩，圓滿「精進波羅密」。勤修菩提分法，能斷除一分俱生我執與俱生法執，如火焰般燒燬、斷除細微的煩惱。

（五）**難勝地**：五地菩薩；斷除聲聞、緣覺聖者，滯礙於涅槃的障礙，以十種平等清淨心意樂入。菩薩藉由根除苦的原因，達到最究竟的快樂。

（六）**現前地**：六地菩薩；現見緣起真實性，般若智慧現前，圓滿「般若波羅密」。在圓滿般若智及大悲下，進入滅盡定，又能自在入世，不捨眾生。

（七）**遠行地**：七地菩薩，圓滿「方便波羅密」。方便為般若所攝，斷除有緣生、有還滅的細相現行障礙。

（八）**不動地**：八地菩薩，圓滿「願波羅密」。得十自在，為救度眾生，可於三界（欲界、色界、無色界）之中隨意現身。此地又名「不退轉地」，成就念不退，得無生忍，念念流入薩婆若海（「薩婆若」為梵文 Sarvana 之音譯，即佛的「一切智」；薩婆若海即「一切智海」）。

（九）**善慧地**：九地菩薩，圓滿「力波羅密」，得無礙智慧，入善慧地。

（十）**法雲地**：十地菩薩，心中清淨圓滿，十方諸佛都為其灌頂，預祝即將入於佛位，所以又名「灌頂位」。

五、《華嚴經》註疏

隋．吉藏：《華嚴經遊意》一卷

唐．智儼：

《華嚴經搜玄記》十卷（六十華嚴）

《華嚴孔目章》四卷（六十華嚴）

唐．賢首法藏：

《華嚴經探玄記》二十卷（六十華嚴）

《華嚴經文義綱目》一卷（綱要）

《華嚴經旨歸》一卷（綱要）

《華嚴經義海百門》一卷

唐・慧苑：

《新譯大方廣佛華嚴經音義》（八十華嚴音義）

《續華嚴經略疏刊定記》（八十華嚴）

唐・荊溪湛然：《大方廣佛華嚴經願行觀門骨目》一卷

唐・清涼澄觀：

《大方廣佛華嚴經疏》六十卷（八十華嚴）

《大方廣佛華嚴經隨疏演義鈔》九十卷（八十華嚴）

《華嚴經疏鈔玄談》九卷

《華嚴經行願品疏》十卷（四十華嚴）

《大華嚴經略策》一卷（綱要）

《新譯華嚴經七處九會頌釋章》一卷（綱要）

唐．宗密：《普賢行願品別行疏鈔》（四十華嚴）

唐．李通玄：

《新華嚴經論》四十卷（八十華嚴）

《略釋新華嚴經修行次第決疑論》四卷

《大方廣佛華嚴經中卷卷大意略敘》一卷（綱要）

宋．復菴：《華嚴綸貫》一卷（綱要）

明．憨山德清：《大方廣佛華嚴經綱要》八十卷（八十華嚴）

清．永光：《大方廣佛華嚴經三十九品大意》一卷（綱要）

日本．鎌田茂雄：《華嚴經講話》（六十華嚴）

《華嚴經》的內容與結構

以下就依據唐譯八十卷本，略述此經「七處九會」與各品大意。

第一會菩提場——

計有〈世主妙嚴品〉、〈如來現相品〉、〈普賢三昧品〉、〈世界成就品〉、〈華藏世品〉、〈毘盧遮那品〉等六品、十一卷。

此會敘述遮那佛在菩提場中初成正覺，放眉間光及齒光，以普賢菩薩為會主，入毘盧遮那藏身三昧，說如來依正法及果報世界，令眾生由欣慕而生信。

前五品是彰顯盧舍那佛依正果德，後一品則是明佛本因。

〈世主妙嚴品第一〉：卷一至卷五

敘述本經教起的因緣，即是本經九會之總序。揭示佛在菩提場中初成正覺，道場無量妙寶莊嚴，金剛座上的遮那佛身萬德圓滿。再敘說正覺世間、器世間、眾生世間的廣大無邊莊嚴，集會大眾皆分如來之德，圓滿無礙。

〈如來現相品第二〉：卷六

諸菩薩和一切世間主說頌問佛，初問十八種佛法，次問十九種菩薩法，共三七問。佛現瑞相放光說頌，又現諸神變，一切法勝音等菩薩各說頌讚佛。

〈普賢三昧品第三〉：卷七

時普賢菩薩入佛三昧，受諸佛讚歎摩頂，從三昧起，十方一切如來放光頌讚普賢菩薩，一切菩薩也一同頌讚。

〈世界成就品第四〉：卷七

普賢菩薩以佛神力，向道場海眾諸菩薩說世界海等十事，分別顯示十方剎土的形相和它的原因。

〈華藏世界品第五〉：卷八至卷十

普賢又說毗盧遮那往昔修行所嚴淨的華藏莊嚴世界海，無量妙寶莊嚴功德，乃至世界海中一切世界的莊嚴和諸佛號。

〈毗盧遮那品第六〉：卷十一

普賢又說這是由於毗盧遮那過去世為大威光太子時，供養諸佛，廣修無量妙行的廣大功德莊嚴成就。

第二會普光明殿——

計有〈如來名號品〉、〈四聖諦品〉、〈光明覺品〉、〈菩薩問明品〉、

〈淨行品〉、〈賢首品〉等六品、四卷。

此會敘說世尊在普光明殿蓮華座上，放兩足輪光，以文殊師利菩薩為會主說十信法門。前三品是所信之果，後三品是能信之因。

〈如來名號品第七〉：卷十二

敘說佛在普光明殿蓮華座上，顯現神變，十方菩薩都來集會。文殊師利菩薩承佛陀威神力，向眾菩薩稱說佛的名號；由於隨應眾生各別知見，遂有無量不同的名號如來為眾說法。

〈四聖諦品第八〉：卷十二

文殊師利菩薩又說，娑婆世界中，苦、集、滅、道「四聖諦」的種種異名，以及十方一切世界無量不同的四聖諦名，都隨眾生心，令得調伏。

〈光明覺品第九〉：卷十三

佛兩足輪放光，普照十方，各現佛事，文殊菩薩稱揚佛的無邊功德行願。

〈菩薩問明品第十〉：卷十三

文殊師利菩薩又和覺首等九菩薩反覆問答十種甚深佛法明門。

〈淨行品第十一〉：卷十四

智首啟問，文殊師利菩薩答說菩薩身語意業、動靜語默中，為饒益眾生，應發起的一四十種清淨願行。

〈賢首品第十二〉：卷十四至卷十五

文殊師利菩薩問，賢首以偈答說菩薩修行的無量殊勝功德，信願不虛，定慧圓滿成就等十信初心功德。

第三會忉利天宮——

計有〈升須彌山頂品〉、〈須彌頂上偈讚品〉、〈十住品〉、〈梵行品〉、

〈初發心功德品〉、〈明法品〉等六品、三卷。

此會敘述世尊不離菩提樹下，上升須彌山帝釋宮殿，放兩足指光，以法慧菩薩為會主，入無量方便三昧，說十住法門。

〈升須彌山頂品第十三〉：卷十六

敘說佛不離菩提樹下，上升至須彌山帝釋宮殿；帝釋莊嚴宮殿，迎佛入座，並和諸天說頌讚佛。

〈須彌頂上偈讚品第十四〉：卷十六

法慧等諸菩薩來集，各說偈頌稱讚佛的無量勝妙功德，勸修升進之理。

〈十住品第十五〉：卷十六

法慧菩薩由於佛的威力，入無量方便三昧，受到諸佛讚歎並摩頂；他出定廣說十住法門，每住中各有聞、修十法，共二百法。

〈梵行品第十六〉：卷十七

正念天子來問，法慧菩薩向他宣說修習梵行種種無相觀法，能以智慧觀察無行，可得淨行。

〈初發心功德品第十七〉：卷十七

天帝釋來問，法慧菩薩向他宣說菩薩初發菩提心所得的種種無量功德，發心便能和佛平等，也無所得。

〈明法品第十八〉：卷十八

精進慧菩薩問：「初發心菩薩如何修習？」法慧答說十不放逸、得十清靜、十佛歡喜、十法安住、十法入地、十法行清靜、十種清靜願、十法圓滿大願、十無盡藏等修行法門和所應得的成就。

第四會夜摩天宮——

計有〈升夜摩天宮品〉、〈夜摩宮中偈品〉、〈十行品〉、〈十無盡藏品〉等四品、三卷。

此會敘說世尊升向夜摩天宮，放兩足趺光，以功德林菩薩為會主，入菩薩善思惟三昧，說十行法門。

〈升夜摩天宮品第十九〉：卷十九

這時佛升向夜摩天宮，夜摩天王莊嚴殿座迎請如來，說頌讚佛，佛即入座。

〈夜摩宮中偈讚品第二十〉：卷十九

功德林菩薩等微塵數菩薩都來集會，十大菩薩各說偈頌，稱揚佛周遍法界的行願功德。

〈十行品第二十一〉：卷十九至卷二十

功德林菩薩由於佛的威神力，入善思惟三昧，受到諸佛稱讚並摩頂；他出定廣說十行法門，並一一分別其行相。

〈十無盡藏品第二十二〉：卷二十一

功德林又對諸菩薩說菩薩十無盡藏的一一行相，由此能令一切行者，成就無盡大藏。

第五會兜率天宮——

計有〈升兜率天宮品〉、〈兜率宮中偈讚品〉、〈十迴向品〉等三品、十二卷。

此會敘說世尊升兜率天，放兩膝輪光，以金剛幢菩薩為會主，入菩薩智光三昧，說十迴向法門。

〈升兜率天宮品第二十三〉：卷二十二

佛又升兜率天，兜率天王莊嚴殿座迎請如來，說頌讚佛功德，佛即入座。

〈兜率宮中偈讚品第二十四〉：卷二十三

金剛幢等十大菩薩和微塵數菩薩從十佛世界來集，各說偈頌，稱揚佛德。

〈十迴向品第二十五〉：卷二十三至卷三十三

金剛幢菩薩由於佛的威力，入智光三昧，受到諸佛稱讚並摩頂；他從定起，向諸菩薩廣說十迴向法門，並一一分別解說所修行相。

第六會他化自在天宮——

即〈十地品〉一品、六卷。

此會敘說世尊在他化自在天宮摩尼寶殿，放眉間毫相光，以金剛藏菩薩為會主，入菩薩智慧光明三昧，說十地法門。

〈十地品第二十六〉：卷三十四至卷三十九

記敘佛在他化自在天宮摩尼寶殿，諸方世界諸大菩薩都來集會。這時金剛藏菩薩由於佛陀威神力，入大智慧光明三昧，受到諸佛稱讚並摩頂；他從定起，向大眾說出十地的名稱。此時，解脫月等諸菩薩請他解說，佛也放光加以神力，金剛藏菩薩便向大眾演說甚深的十地法門行相。

第七會普光明殿——

計有〈十定品〉、〈十通品〉、〈十忍品〉、〈阿僧祇品〉、〈壽量品〉、〈諸菩薩住處品〉、〈佛不思義法品〉、〈如來十身相海品〉、〈如來隨好光明功德品〉、〈普賢行品〉、〈如來出現品〉十一品、十三卷。

此會敘說世尊重回普光明殿，放眉間光及口光，入剎那際三昧，親為會主說等「妙覺」法門。

〈十定品第二十七〉：卷四十至卷四十三

佛在普光明殿，普眼菩薩向佛問普賢菩薩三昧所修妙行，佛教他自請普賢菩薩宣說。這時，大眾希望見到普賢菩薩並殷勤頂禮，普賢菩薩才以神力出現，向大眾廣說十大種三昧的高深法門。

〈十通品第二十八〉：卷四十四

普賢菩薩又向大眾說十種神通。

〈十忍品第二十九〉：卷四十四

普賢菩薩又向大眾說十種法忍。

〈阿僧祇品第三十〉：卷四十五

心王菩薩問，佛向他宣說阿僧祇不可說數量和世間、出世間一切諸法不可說的事理。

〈壽量品第三十一〉：卷四十五

心王菩薩又向大眾宣說諸佛世界的壽量和它們的長短比較。

〈諸菩薩住處品第三十二〉：卷四十五

又向大眾宣說十方諸菩薩和他們的眷屬的住處並常住說法的地名。

〈佛不思議法品第三十三〉：卷四十六至卷四十七

這時，會中諸菩薩心中希望知道諸佛的國土、本願、種姓、出現、佛身、音聲、智慧、自在、無礙、解脫等不思議事，佛便加持青蓮華藏菩薩向蓮花藏菩薩廣說佛所住的十不思議法門。

〈如來十身相海品第三十四〉：卷四十八

普賢菩薩向諸菩薩演說佛的身相莊嚴，略說有九十七種大人相，以及十華藏世界海微塵數大人相。

〈如來隨好光明功德品第三十五〉：卷四十八

佛向寶手菩薩宣說如來的隨好中各有光明，周遍法界，能夠救度眾生出地獄苦、生兜率天，乃至令證得十地等廣大無盡的功德。

〈普賢行品第三十六〉：卷四十九

普賢菩薩又向大眾演說瞋心能障百萬法門，應當勤修十法，具十清淨，十廣大智，得十種普入，住十勝妙心，獲十種佛法善巧智。

〈如來出現品第三十七〉：卷五十至卷五十二

這時，佛從眉間放光，名如來出現光。如來性起妙德菩薩向佛請問大法，佛又放光入普賢菩薩口，普賢菩薩便廣說佛以十無量法出現，以十無量百千阿僧祇事得到成就。說罷，諸佛稱讚並為會眾授記，普賢最後說頌勸眾受持。

第八會普光明殿——

即〈離世間品〉一品、七卷。此會敘說世尊三會普光明殿，以普賢菩薩為會主，入佛華嚴三昧，說二千行門離世間法。

〈離世間品第三十八〉：卷五十三至卷五十九

敘佛在普光明殿，普賢菩薩入佛華藏莊嚴三昧，從三昧起，普慧菩薩請問菩薩依、菩薩行乃至佛示般涅槃等二百個問題；普賢菩薩一問十答，分別演說二千法門。諸佛現前讚喜，普賢菩薩再用偈頌重說菩薩的功德行處。

第九會逝多林——

即〈入法界品〉一品、二十一卷。此會敘說世尊於逝多園林，放眉間白毫相光，入師子頻申三昧，以如來善友為會主說果法界法門，並以「善財五十三參」為示範。

〈入法界品第三十九〉：卷六十至卷八十

佛在逝多園林，和文殊普賢等五百大菩薩、大聲聞並無量世主聚會。佛以大悲入師子頻申三昧，遍照莊嚴十方世界。

七處九會	初會：普賢菩薩為會主
《八十華嚴》四萬五千頌（三十九品）	世間淨眼品、如來現相品、普賢三昧品、世界成就品、華藏世界品、毗盧遮那品
《六十華嚴》三萬六千頌（三十四品）	世主妙嚴品、盧舍那佛品
別行本	

二會：文殊菩薩為會主	如來名號品	如來名號品	《兜沙經》，後漢・支讖譯《菩薩本業經》，吳・支謙譯
	四聖諦品	四諦品	
	光明覺品	如來光明覺品	《兜沙經》，後漢・支讖譯 《菩薩本業經》，吳・支謙譯
	菩薩問明品	菩薩明難品	
	淨行品	淨行品	《菩薩本業經》，吳・支謙譯 《諸菩薩求佛本業經》，失譯
	賢首品	賢首菩薩品	
三會：法慧菩薩為會主	升須彌山頂品	佛升須彌頂品	《菩薩本業經》，吳・支謙譯
	須彌山頂上偈讚品	菩薩雲集妙勝殿上說偈品	
	十住品	菩薩十住品	《菩薩本業經》，吳・支謙譯 《菩薩十住行道品》，失譯 《菩薩十住經》，晉・竺法護譯

	梵行品	梵行品	
	初發心功德品	初發心菩薩功德品	
	明法品	明法品	
四會：功德林菩薩為會主	升夜摩天宮品	佛升夜摩天宮自在品	
	夜摩宮中偈讚品	夜摩天宮菩薩說偈品	
	十行品	功德華聚菩薩十行品	
	十無盡藏品	菩薩十無盡藏品	
五會：金剛幢菩薩為會主	升兜率天宮品	如來升兜率天宮一切寶殿品	
	兜率宮中偈讚品	兜率天宮菩薩雲集讚佛品	

	十迴向品	金剛幢菩薩十迴向品	
六會：金剛藏菩薩為會主	十地品	十地品	《漸備一切智德經》，晉・竺法護譯。《十住經》，後秦・鳩摩羅什譯。《十地經》，唐・尸羅達摩譯。
七會：如來為會主	十定品		《等目菩薩所問三昧經》，晉・竺法護譯
	十通品	十明品	
	十忍品	十忍品	《如來興顯經》，晉・竺法護譯
	阿僧祇品	心王菩薩問阿僧祇品	
	壽量品	壽命品	《顯無邊佛土功德經》，唐・玄奘譯 《校量一切佛剎功德經》，宋・法賢譯
	諸菩薩住處品	菩薩住處品	
	佛不思議法品	佛不思議法品	

	如來十身相海品	如來相海品	
	隨好光明功德品	佛小相光明功德品	
	普賢行品	普賢菩薩行品	
	如來出現品	寶王如來性起品	《如來興顯經》，晉．竺法護譯
八會：普賢菩薩為會主	離世間品	離世間品	《度世品經》，晉．竺法護譯
九會：如來與善友為會主	入法界品	法界品	《羅摩伽經》，失譯 《續入法界品》，唐．地婆訶羅譯 《三曼陀跋陀羅菩薩經》，失譯 《普賢行願品四十卷》，唐．般若譯 《入法界品四十二字觀門》，唐．不空譯 《文殊師利發願經》，晉．佛馱跋陀羅譯 《普賢菩薩行願讚》，唐．不空譯 《普賢菩薩行願王經》，失譯 《普賢菩薩行願王品》，失譯

（別品）普光明殿	華嚴別品	華嚴別品	《度諸佛境界智光嚴經》，失譯 《佛華嚴入如來德智經》，隋・闍那崛多譯 《入如來智德不思議經》，唐・實叉難陀譯
（別品）普光明殿			《信力入印法門經》，後魏・菩提留支譯
（別品）如來神力所持			《大方廣普賢所說經》，唐・實叉難陀譯
（別品）菩提樹			《如來不思議境界經》，唐・實叉難陀譯 《華嚴不思議佛境界分》，唐・提雲般若譯
（別品）鷲峯山			《華嚴修慈分》，唐・提雲般若譯

華嚴宗初祖諍論

最早提出「華嚴宗」傳承是宗密禪師的「三祖說」，其在《註華嚴法界觀門》有云：

> 〈法界觀門〉京終南山釋杜順集。姓杜，名法順。唐初時行化，神異極多，傳中有證，驗知是文殊菩薩應現身也，是華嚴新舊二疏初之祖師。儼尊者為二祖，康藏（法藏）國師為三祖。此是創製，理應云「作」；今云「集」者，以祖師約自智，見華嚴中切諸佛、一切眾生，若身心、若國土，一一是此法界體用，如是義境，無量無邊。

宋朝時，長水子璿、晉水淨源，經過唐代法詵、汰除慧苑，重新編排了法脈，確立了五祖的說法：杜順法師為始祖，雲華智儼法師為二祖，賢首法藏法師為三祖，清涼澄觀法師為四祖，圭峰宗密禪師為五祖。（註一一）後人皆宗此說，

甚至還上溯至普賢、龍樹菩薩，而有七祖說、九祖說。（註一二）

然而，關於杜順初祖的說法，現代有許多中外學者對此提出質疑；例如，日本學者便提出多種異議。

境野黃洋首先對「杜順初祖說」提出非難。據其考證，二祖智儼並非由杜順親傳《華嚴經》，而是由智正法師傳授，更認為杜順與華嚴宗並無關係：

中國的華嚴宗，從十地宗系統的智正開始，智儼、法藏相承，而以杜順為發端的這一古來已有的傳承其實並無任何根據。古來杜順的華嚴學統的來歷也一直為學界所困惑，實際上杜順與華嚴學統沒有任何關係。

他提出「初祖智正說」，認為華嚴宗最初是由智正、智現、賢首三代相傳。（註一三）其附和者有鈴木宗忠，但不同於前者，他以為智儼為初祖。（註一四）

其後，鈴木大拙也提出自己的觀點。其認為，杜順初祖說的淵源來自於澄觀，因為澄觀首先將〈法界觀門〉歸屬於杜順；宗密承襲澄觀，進一步確定了

〈法界觀門〉與杜順的關係。（註一五）

常盤大定通過對〈法界觀門〉一文的考證，與到「華嚴寺」進行實地田調，對境野黃洋的說法提出攻詰，仍以杜順為華嚴宗初祖。（註一六）

關於雙方的論點與非難，鎌田茂雄將之整理與分析，提出自己的論點。他指出，〈法界觀門〉思想與華嚴宗的形成有密切關係，其內容可能是杜順口述，為智儼所傳，後來保留在法藏的《發菩提心章》中；亦即，他肯定杜順作為華嚴初祖的地位。至於《五教止觀》一書，則應不是杜順所說。（註一七）

此時，雙方的論辯，就從華嚴初祖的問題，轉移至〈法界觀門〉的作者是否為杜順。為何會有如此轉變呢？

因為，〈法界觀門〉的本文夾雜在法藏著的《華嚴發菩提心章》中，後來由澄觀將其節錄完成單行本，將作者提為「終南山釋法順俗姓杜氏」。澄觀並撰《華嚴法界玄鏡》，宗密更進一步以《註華嚴法界觀門》予以詮釋。

緣上，就有許多學者懷疑，〈法界觀門〉非杜順的著作，而傾向於是法藏《華嚴發菩提心章》中的一部分，並將法藏提升為華嚴宗的創始初祖，而不承認杜順為初祖。（註一八）

關於杜順大師是否為華嚴的初祖，至今仍未有定論。然而，眾學者討論愈多，提出的證據似是明確，真相反而更模糊，有種治絲益棼之感。

筆者考查諸家說法之後，認為華嚴宗仍是傳承於杜順大師的法脈，這是非常明確的；因此，杜順大師作為「華嚴宗初祖」這一身分，在本書中給予充分肯定。以下，便對杜順大師的生存背景與修學、弘法歷程進行介紹。

【註釋】

註一：另有一說是《心經》、《金剛經》和《法華經》。

《心經》：由於字數甚少、易於讀誦乃至背誦，因此受眾多大乘佛教信徒崇信。《金剛經》：由於禪宗五祖弘忍之後以《金剛經》印心，因此受漢傳佛教所重視。《法華經》：古德說：「開悟《楞嚴》，成佛《法華》。」《法華經》會三乘歸一佛乘，倡言一切眾生皆得成佛，因而被視為「圓教」，亦是天台宗的根本經典。

註二：「菩薩」為菩提薩埵（梵名 bodhisattva）之簡稱；菩提（梵文 bodhi）意為「覺悟」，薩埵（梵 sattva）意為「有情」，合稱為「覺有情」。主要意指發菩提心的眾生；不拘於特定的形相，凡能已發「願斷一切惡，願修一切善，願度一切眾生」的菩提心者，便會誓願學習慈悲與智慧的菩薩行。菩薩行總的來說是「上求佛道，下化眾生」，是以救度眾生為己任。《華嚴經》云，菩薩以「一切眾生而為樹根，諸佛菩薩而為花果，以大悲水饒益眾生，則能成就諸佛菩薩智慧花果。」又說，「是故菩提屬於眾生，若無眾生一切菩薩終不能成無上正覺。」

註三：「無疲厭行」又有諸種名稱，如：「無疲倦行」、「無疲懈行」、「無疲怠行」、「無厭倦行」等。，在《華嚴經》中多有描述，如〈離世間品〉之十種無疲厭心、〈入法界品〉善財童子之五十三參、普賢菩薩之十大願王，皆顯示菩薩道之無疲厭行。

註四：毗盧遮那佛（梵語 Vairocana），又稱為「大毗盧遮那佛」或「摩訶毗盧遮那佛」，意為「太陽」或「光明遍照」，意譯「大日如來」或「大日覺王」。通常視為報身佛（又稱盧舍那佛）或法身佛的名稱，釋迦牟尼佛則為應（化）身佛。

註五：釋迦如來法身毗盧遮那佛淨土之名。最下為風輪，風輪之上有香水海，香水海中生大蓮華，此蓮華中包藏微塵數之世界，故稱蓮華藏世界。報身佛之淨土，具十八圓滿；其中之依持圓滿，即蓮華藏世界也。《華嚴經》曰：「爾時普賢菩薩告大眾言：諸佛子！此華藏莊嚴世界海，是毘盧遮那如來往昔於世界海微塵數劫修菩薩行時，一一劫中親近世界海微塵數佛，一一佛所修淨世界海微塵數大願之所嚴淨。」

註六：據法藏《華嚴經傳記》中說：「佛初去後，賢聖隨隱，異道競興，乏大乘器攝此經。在海龍王宮，六百餘年未傳於世。龍樹菩薩入龍宮，日見此淵府，誦之在心，將出傳授，因茲流布。」

註七：韋陀，為梵文 Veda 音譯，又作皮陀、毘陀、吠陀，意為智論、明論。為古印度傳統思想，亦為婆羅門教根本聖典。四韋陀（吠陀）典包含：

（一）招請諸神降臨祭場並讚唱諸神之威德者，屬「梨俱吠陀」（梵文 Rg-veda），又作黎俱吠陀。

（二）祭祀時配合一定旋律而歌唱者，屬「沙摩吠陀」（梵文 Sāma-veda），又作娑摩吠陀。

（三）唱誦祭詞、擔當祭儀、齋供等祭式實務者，屬「夜柔吠陀」（梵文 Yajur-veda），又作夜殊吠陀。

（四）於祭儀之始，具足息災、增益本領，並總兼全盤祭式者，屬「阿闥婆吠陀」（梵文 Atharva-veda）。

註八：關於大龍菩薩帶龍樹菩薩入龍宮度化之事，許多傳記中皆有記載。《法苑珠林．卷三八》載：「西域志云：波斯匿王都城東百里，大海邊，有大塔。塔中有小塔，高一丈二尺，裝眾寶飾之。夜中每有光曜，如大火聚。云：佛般泥洹五百歲後，龍樹菩薩入大海，化龍王。龍王以此寶塔，奉獻龍樹。龍樹受已，將施此國。王便起大塔，以覆其上。自昔以來，有人求願者，皆叩頭燒香，奉獻華蓋。其華蓋從地自起，徘徊漸上，當塔直上，乃至空中。經一宿變滅，不知所在。」

賢首法藏《華嚴傳．卷一》云：「此（《華嚴》）經在海龍王宮，六百餘年未傳於世。龍樹菩薩入龍宮，日見此淵府，誦之在心，將出傳授，因茲流布。」

《法華經傳記．卷一》記載，陳代真諦大師說：「大海龍王見而愍之，接入大海。……即授下本華嚴經一箱。」

《華嚴經傳記》載：「又如真諦三藏云：西域傳記說，龍樹菩薩往龍宮，見此華嚴大不思議解脫經，有三本。上本有十三千大千世界微塵數偈四天下微塵數品，中本有四十九萬八千八百偈一千二百品，下本有十萬偈四十八品。其上中二本及普眼等，並非凡力所持，隱而不傳。下本見流天竺。蓋由機悟不同，所聞宜異，故也是以。」

註九：「一四天下微塵數品」即一個須彌山、一個日月、一個四大部洲，合稱「一四天下」；在這「一四天下」內，盡虛空微塵的數目便是品數。

註一〇：甘珠爾（藏語 Ganggyur）是藏文大藏經的一部分，是佛陀所說教法之總集。甘珠爾的意思是教敕譯典，與丹珠爾（Bstan-hgyur，論典）相對。

註一一：此為日本學者吉津宜英的見解，參閱其〈華嚴宗及其歷史〉，收於平川彰等著、許明銀譯，《佛學研究入門》，臺北：法爾出版社，一九八〇，頁四一〇。

註一二：除了華嚴五祖的說法，後來還有七祖與九祖的說法。「七祖說」是宋朝淨源法師奉敕而選定的；此以法系為主，即加上馬鳴及龍樹，其系統如下：馬鳴─龍樹─杜順─智儼─法藏─澄觀─宗密。至於「十祖說」，則加上普賢、文殊與世親，其系統如下：普賢─文殊─馬鳴─龍樹─世親─杜順─智儼─法藏─澄觀─宗密。

註一三：參閱境野黃洋，《支那佛教史講話》。

註一四：見於鎌田茂雄《宗密教學之思想史的研究》，日本：東京大學東洋文化研究所，一九七五。

註一五：鈴木大拙提出「澄觀的初祖作為說」的說法，源於常盤大定博士的介紹，文見常盤大定《支那佛教的研究》。

註一六：見呂澂，《中國佛學思想概論》，臺北：天華出版公司，一九九八。

註一七：鎌田茂雄《中國華嚴思想史の研究》，東京：東京大學出版會，一九七八。

註一八：有關〈法界觀門〉的作者問題，可參閱兩篇日本學者的專論：其一是木村清孝，〈「法界觀門」撰者考〉；其二是結城令聞〈華嚴初祖杜順與「法界觀門」著者之問題〉。

第一章　生於亂世：二武滅佛，隋文興佛

有司宣告征鎮諸軍、刺史，諸有佛圖形象及胡經，盡皆破擊焚燒；沙門無少長，悉坑之。

杜順大師生於陳武帝永定元年（北周孝閔帝元年，西元五五七年），時值南朝時期——宋、齊、梁、陳（西元四二〇至五八九年，自劉裕篡東晉開始，直到隋朝滅南朝陳止）最後一朝，戰亂動盪、百姓顛沛。

在此之前，更有北朝（西元四三九至五八一年，包含北魏、東魏、西魏、北齊和北周等五朝）北魏太武帝及北周武帝的兩度滅佛，對佛教造成相當嚴重的破壞。

南北朝前的漢傳佛教發展

佛教源起於古印度；當時受到吠陀傳統（「吠陀」為梵語 Veda 之音譯，義為「知識」、「啟示」）與沙門（註一）傳統的影響，與耆那教（註二）在同時間開始發展。隨著佛門弟子的努力，終在孔雀王朝（西元前三二二至前一八五年）時代獲得正統地位。等到佛陀滅度之後，佛弟子們將佛法弘傳至各地。

東漢年間，佛教東傳至中國。東漢明帝永平七年（西元六十四年）正式派遣博士弟子蔡愔等人前往西域求法，將月氏國迦葉摩騰、竺法蘭兩位沙門請回洛陽。在皇室支持下，其敕令建寺、譯經立說，所譯出的《四十二章經》成為中國佛教史上最早的佛經譯典，並且在洛陽修建中國第一所寺廟——白馬寺，佛教就開始在中國傳揚開來。

西晉元康元年（西元二九一年），皇族為爭奪中央政權而引發的內鬥，史稱「八王之亂」，一直延續到光熙元年（西元三〇六年）。在長達十六年的內部損耗過程中，北方少數民族——包括匈奴、羯、鮮卑、羌及氐等部族，趁西晉政權內部空虛，紛紛起兵，脫離晉朝控制，並陸續建立割據政權、入主中原，史稱「五胡十六國」。

五胡十六國時期，異族南下；在胡人各族傾軋之下，戰亂頻仍，百姓民不聊生，只能把希望寄託於宗教與來生。於是，佛教在北方大地上發展快速，包括佛圖澄（西元二三二至三四八年）、道安（西元三一二至三八五年）、鳩摩羅什（西元三四四至四一三年）等高僧橫空出世，其慈悲德行與神異聖行感化了無數民眾，加速了佛教普及，對弘法布教之貢獻甚大。

例如，佛圖澄以神異行持感化嗜好殺人的後趙石勒（西元二七四至三三三年）、石虎（西元二九五至三四九年），被尊為國師，為國家軍事獻策，拯救無數生靈；石勒更將宮中的幼童送到佛寺學佛、每逢佛誕日，亦會親自到寺院浴佛祈福。當時幾乎全民信奉佛教，信徒數量眾多。因眾人競相出家，營建佛寺，其僧眾真偽混淆，導致罪過橫生，而遭時人批評，當時便有官員對此現象提出批判。如《晉書．佛圖澄傳》載：

澄為石虎所重。百姓因澄故，多奉佛，皆營造寺廟，相競出家，真偽混淆，多生愆過，虎下書料簡。其著作郎王度奏曰：「佛方國之神，非諸華所應祠奉。漢代初傳其道，惟聽西域人得立寺都邑，以奉其神，漢人皆不出家。魏承漢制，亦循前軌。今可斷趙人悉不聽詣寺燒香禮拜，以遵典禮。其百辟卿士，下逮眾隸，例皆禁之。其有犯者，與淫祠同罪；其趙人為沙門者，還服百姓。」朝士多同度所奏。虎以澄故，下書曰：「朕出自邊戎，忝君諸夏，至於饗祀，應從本俗。佛是戎神，所應兼奉；其夷趙百姓，有樂事佛者特聽之。」

面對龐大信眾，也引發了部分官員擔憂，認為應該明令禁止。王度便首先用簡單的二分法，區分了本土、外國宗教，且明言佛教是外來的宗教，本非傳統中國百姓所供奉，故應該用法律明文禁止，不准百姓燒香禮拜；若已經出家，就應責令還俗。

然而，石虎因敬重佛圖澄，又是虔誠的佛教徒，還特別為其辯論，認為自己出身於邊戎、後成為諸夏之統治者，佛亦是外來的戎神，故兼奉二者無妨。這可說是佛教初傳至中土時典型的「華夷之辨」；官員對於社會廣大信佛、出家者眾的現象，提出的批評仍是秉持「內諸夏而外夷狄」的見解，將佛教視為非華夏之神教。所幸，由於佛圖澄的影響力，石虎因自身為非漢人之「夷狄」，反而得以迴護佛教之發展，使佛教由某種形同「民間方術」的地位，逐漸成為各民族所認同的主流宗教。

根據唐代法琳《辯正論》的記載，東晉及南北朝的寺數及僧尼數統計，臚列如下：

一、東晉：寺院一千七百餘座，僧尼二萬四千人。

二、南朝——

宋：寺院約二千座，僧尼三萬六千人。

齊：寺院二千餘座，僧尼三萬二千餘人。

梁：寺院二千八百餘座，僧尼約八萬三千人。

陳：寺院一千二百餘座，僧尼三萬二千人。

三、北朝：北魏，國家大寺四十七座，王公貴族五等諸侯寺八百三十九座，百姓造寺三萬餘座，總度僧尼二百萬人。

在這個大師輩出的時期，佛光普照中華，民眾多以出家為尚，對於佛寺的建造亦盡心盡力，為中國的佛教推廣作出了極大貢獻。很多梵文經典也都是在這個時期被翻譯成漢文，加速佛法在知識階層的普及；同時還有石窟的建造、佛像雕塑、壁畫繪製等，也為後世留下了珍貴的藝術文物。

除此之外，在政治上，佛教亦被統治者所接受。道安大師勸諫前秦君主苻堅（西元三三八至三八五年）休戰，與民休息。後來，他受苻堅禮請回長安，致力經典翻譯、注疏，並制訂僧團規矩；韓國（當時為高句麗）、日本有佛法，也是從苻堅贈送佛像、佛經開始。

後秦君主姚興（西元三六六至四一六年）亦禮請鳩摩羅什為國師，設立中國第一個國家譯場。鳩摩羅什流暢典雅的翻譯，為佛教義理的傳播帶來空前的貢獻。姚興敕命羅什的弟子任僧正、僧錄（等於今日佛教會的領導人）等職務，這是中國佛教有僧官制度（註三）的開始。

「僧官」的設制意涵，主要因應國家政治、社會發展，由國家任命德高望重的高僧，給予官職、俸給，從事糾察違戒失職的僧眾、協助國家推展佛教。後秦稱「僧正」，意思便是須先自正，然後才可以正人。

北魏太武，首度滅佛

佛教在極度興盛之時，危機實已悄悄來到。北魏太武帝拓跋燾（西元四〇八至四五二年）於太平真君七年（西元四四六年）下令滅佛，時間長達六年之久；這是中國佛教史上的第一次大規模廢佛事件，對中國佛教的發展產生了沉重打擊。關於這段史實，《魏書．釋老志》有翔實記載：

世祖（拔拓燾）即位，富於春秋，既而銳志武功，每以平定禍亂為先；雖歸宗佛法，敬重沙門，而未存覽經教，深求緣報之意。及得寇謙之道，帝以清淨無為，有仙化之證，遂信行其術。時司徒崔浩博學多聞，帝每訪以大事。浩奉謙之道，尤不信佛；與帝言，數加非毀，常謂虛誕，為世費害。帝以其辯博，頗信之。會蓋吳反杏城，關中騷動，帝乃西伐，至於長安。先是，長安沙門種麥寺內，御騶牧馬於麥中。帝入觀馬，沙門飲從官酒，從官人其便室，見大有弓矢矛盾，出以奏聞。帝怒曰：「此非沙門所用，當與蓋吳通謀規害人耳！」命有司案誅一寺。閱其財產，大得釀酒具及州郡牧守、富人所寄藏物，蓋以萬計；又為屈室，與貴室女私行淫亂。帝既忿沙門非法，浩時從行，因進其說，詔誅長安沙門，焚破佛像。

依上，由於當時僧團戒規不嚴，管理混亂，使得僧團出現不少假出家的僧人。他們日常飲酒作樂、更私自釀酒，或替富人託管財寶，以逃避官府查稅，及設窟室供人行淫等不法之事；有的寺院甚至私藏兵器，對國家和社會造成了嚴重危害；甚至出現起兵反叛的軍事行動，利用讖緯迷信之言，煽動百姓作亂。當時北魏民間就有「代魏者吳」的讖言流傳。（註四）

太平真君六年（西元四四五年）九月，蓋吳在杏城（今陝西省黃陵縣）起義；在諸胡響應下，部眾達至十萬。拓跋燾在鎮壓蓋吳起義的過程中，曾親見寺僧種種惡行，包括藏匿武器、密助叛逆，大為震怒。

崇信天師道的崔浩，利用此次機會，遂「因進其說」。太武帝本來就對佛教教義並未「深求」，一經崔浩的教唆、慫恿，頭腦一熱，就下令毀佛了。

太武帝下詔毀佛，並訂下最後期限。命令王公以下，不得私養沙門，不得隱匿行蹤，且必須將他們送至官吏辦事處所，容止（收留）者必須連坐，諸殺滿門。其中「有司宣告征鎮諸軍、刺史，諸有佛圖形象及胡經盡皆破擊焚燒，沙門無少長，悉坑之」一段，尤為嚴厲，即命令地方治理單位，廢除所有的佛教寺院、佛教經典和佛像；沙門不分長幼，一律坑埋。

由於太子拓跋晃本人崇信佛教，曾勸告太武帝：「素敬佛道。頻上表，陳刑殺沙門之濫，又非圖像之罪。」可是太武帝不聽勸告，反而變本加厲地下詔「有事胡神及造形像泥人、銅人者，門誅。」據《高僧傳．卷十一》的記載，太平七年（西元四四六年）「毀滅佛法，分遣軍兵燒掠寺舍，統內僧尼悉令罷道；其有竄逸者，皆遣人追捕，得則必梟斬，一境之內無復沙門。」

太子拓跋晃無奈，對於命令消極配合，故意延遲宣布詔書，才使預先知悉者得以逃走；否則，在魏境之沙門，只怕無人可倖免。

後來，太子拓跋晃被中常侍宗愛誣告，因憂慮過度，在東宮逝世，年僅二十四歲，太武帝才後悔。正平二年（西元四五二年），北魏太武帝拓跋燾崩，由拓跋晃的兒子文成帝拓跋濬即位，隨即在二月登基，改年號為「興安」。

興安元年（西元四五二年），拓跋濬下令恢復佛教的合法地位，《魏書．釋老志》載「修復佛法詔」。於是，「往時所毀圖寺，仍還修矣；佛像經論，皆復得顯。」

又於隔年，興安二年，令建造雲岡石窟（註五），佛教又見復興。

北魏獻文帝拓跋弘，於皇興年間（西元四六七至四七一年），下令建造釋迦立像，《魏書．釋老志》載：

> 又於天宮寺造釋迦立像，高四十三尺，用赤金十萬斤，黃金六百斤。皇興中，

又構三級石佛圖，榱棟楣楹，上下重結，大小皆石，高十丈，鎮固巧密，為京華壯觀。

佛教於滅佛後更加興盛，寺院也重新修築。例如，據《洛陽伽藍記》記載，「肅宗熙平中（西元五一六至五一七年），於城內太社西起永寧寺。……佛圖九層，高四十餘丈」，可見其規模；著名的永寧寺，是當時全國聞名的大寺院。洛陽城當時「寺有一千三百六十七所」，大大超過了首都平城，在我國城市史上也是少見的。

《魏書・釋老志》亦記載，洛陽成為「昭提櫛比，寶塔駢羅」、「金剎與靈臺比高，廣殿共阿房等壯」的繁華都市，甚至近乎氾濫、有傷百姓。

根據《洛陽伽藍記》記載，到了孝文帝太和元年（西元四七七年）時，平城的佛教寺院有近百所，僧尼兩千餘人，而「四方諸寺六千四百七十八，僧尼七萬七千二百五十八人」。到了洛陽時期，受都城佛教遊行的影響，更是發展到全國寺院三萬有餘、僧尼二百多萬的規模。

這股風潮也影響了南方的南朝，其中以梁武帝（註六）推行甚力，影響後世佛教最大。

北周武帝，二度滅佛

第二次大規模滅佛，是在北周武帝宇文邕（西元五四三至五七八年）之時。

南北朝時期，因戰爭頻仍，朝不謀夕，生活困苦；佛教或因成為百姓心靈寄託，發展規模迅速擴大，宗教事務管理制度亦隨之產生。北魏設「僧統」負責寺院管理，由政府任命，司掌統領全國僧尼以護持教法之職官，並形成國三藏—州三藏的中央與地方兩級僧官體制。（註七）

經過西魏權臣宇文泰、宇文護兩個時期，乃至於北周初創，西魏及北周時期可說是「佛法全盛」；但在另一方面，也因浮濫而飽受批評，如《續高僧傳．僧晃傳》所載：「佛法淆濫，行多浮略，迂誕毘尼。」

這些僧官與朝廷貴戚結交密切，他們名為高僧，實則顯宦，形成以佛寺為中心的大莊園。例如，西魏文帝時期，大僧統道臻（註八）於長安昆池置中興寺莊，昆池內外百頃稻田收成皆歸於寺廟；此外，如「天童寺」，有田一萬三千畝，跨三都、五縣，有莊三十六所，每年收租三萬五千斛；阿育王寺，每年收穀三萬斛。

關於寺產問題，於《續高僧傳．第二九卷．釋慧冑》所載可見一斑。其云：

釋慧冑，姓王，蒲州蒲坂人。……後住京邑清禪寺。草創基構並用相委。四十餘年初不告倦，故使九級浮空重廊遠攝，堂殿院宇眾事圓成，所以竹樹森繁、園圃周遶，水陸莊田倉廩碾磑，庫藏盈滿莫匪由焉，京師殷有無過此寺。

可見當時寺院經濟膨脹，廟產龐大，連首都之富足都比不上，不免引起朝廷對寺院財產的側目乃至疑慮。

因此，看似昌盛的佛教，實則隱含著巨大危機。在杜順大師十一歲時（西元五六七年），再次發生影響佛教發展的大事件：北周武帝宇文邕下令滅佛。

北周武帝天和二年（西元五六七年），因寺僧日多，滋生是非，國庫收入驟減；此時，蜀郡公衛元嵩上書請刪寺減僧。

衛元嵩原係後梁佛教沙門，後來還俗，改宗道教；他在經過天師傳授、考察後，透過「傳度」(註九)的儀式，成為正式道士，據說還經「授籙」(註一〇)、精通「陰陽之術」。後以「黃老之微言」，上書北周武帝，抨擊佛教僧侶之奢華與違法，斥佛法皆空言，受到武帝寵信，賜為公爵；又與道士張賓合夥煽動反佛，導致北周武帝決意滅佛。

天和二年，衛元嵩上書，提出滅佛之論，唐代道宣《廣弘明集．戒功》載有這篇文書：

唐虞無佛圖而國安，齊梁有寺舍而祚失者，未合道也；但利民益國，則會佛心。夫佛心者，大慈為本，安樂含生，終不苦役黎民；虔恭泥木，損傷有識，蔭益無情。今大周啟運，遠慕唐虞之化，無浮圖以治國，而國得安；齊梁之時，有寺舍以化民，而民不立者，未合道也。若言民壞不由寺舍，國治豈在浮圖？但教民心合道耳。民合道則國安，道滋民則治立。是以齊梁竟像法而起九級連雲，唐虞憂庶人而累土階拉尋；然齊梁非無功於寺舍，而祚不延；唐虞豈有業於浮圖，而治得久。

從這段文字中可以看到，衛元嵩採用儒家思想反對佛教大肆建築的企圖。其文明白表示，唐虞時沒有佛教而國家大治；齊梁國君信佛，反而失去政權。文中的「唐虞」指的是儒家所讚頌的賢君「唐堯」與「虞舜」，傳說為中國歷史上第一個治世。如《論語．泰伯》曰：

舜有臣五人而天下治。武王曰：「予有亂（治）臣十人。」孔子曰：「才難，不其然乎？唐虞之際，於斯為盛。有婦人焉，九人而已，三分天下有其二，以服事殷。周之德，其可謂至德也已矣。」

其重點在於，只要賢君、良臣相互得彰，國家便得大治；反觀齊梁大興土木，廣建佛塔，以教化百姓，國家反而動盪不安。其藉此進而批判「國治豈在浮圖？」

此外，在《廣弘明集．衛元嵩》中亦有記相同看法，其云：「大略以慈救為先，彈僧奢泰、不崇法度；無言毀佛，有叶（協）真道。」

據上所述，衛元嵩主張，佛教的真義在於大慈，利國利民便合佛心；建寺造塔，損傷人畜耗費財富，有悖大乘佛教精神。現在寺院大興，都是因曲解佛義而建，故名「曲見伽藍」，寺院及其中猥濫僧徒盡該去除。向富裕僧眾徵收賦稅，以安國興教；又以「平延大寺」為比喻，希望能在北周建立一個不分僧俗的大乘社會。

在這個基礎上，必須改革國家與佛教之間的關係，衛元嵩想藉著營建「平延大寺」來強化王權，並藉此調整其國內的佛教勢力：

嵩請造平延大寺，容貯四海萬姓，不勸立曲見伽藍，偏安二乘五部。夫平延寺者，無選道俗，罔擇親疏，以城隍為寺塔，即周主是如來，用郭邑作僧坊，和夫妻為聖眾，推令德作三綱，遵耆老為上座，選仁智充執事，求勇略作師法，行十善以伏未寧，示無貪以斷偷劫；是則六合無怨紂之聲，八荒有歌周之詠。

在「平延大寺」的理念中，其主張帝王就是如來，王公是菩薩，臣民則是信眾，用城郭作僧坊，百姓都是聖眾，並推行儒家三綱（君臣、父子、夫婦）的人倫制序，此處無有二乘五部（聲聞、緣覺二小乘僧尼），這裡的人民不分道俗、親疏皆可居住。

在這個「平延大寺」中，以城隍（城市）為寺塔，用郭邑（住宅）為僧坊，和夫妻為聖眾（僧伽），並從其中選出年長者來擔任「上座」（註一一）——意為「長老」，指的是佛教僧團中，不問年齡、種姓或出家前的地位，以先出家受具足戒者為上座，後出家者應對他們表示尊敬。另外，從中選出聰明仁慈者來擔任執事，幫忙協調處理大眾事宜。

表面來看，這是要將國家架構僧團化、佛教化，君王扮演佛陀的角色，率領菩薩（王公）來統治臣民，似乎是要強化佛教的權威性；然而，事實並非如此。北周表面強化、背地裡卻是弱化佛教的正當性或者是採取「陽佛陰政」的手段。簡言之，衛元嵩偷偷置換二者的概念，從「尊佛」轉為「尊北周武帝」。北周王權透過將自身「如來化」、「神權化」，強調國家等同於佛教教團，因此百姓只要聽從北周武帝乃至之後的君主（如來）教誨即可，不需要再增加佛像與佛教經典。

另一個原因是經濟因素。寺院不僅濫度僧尼，而且廣占田產、隱匿人口，此一舉動直接挑動了主政者的神經，因其造成財賦與勞動人口減少。衛元嵩又列十五條規勸，如《廣弘明集．衛元嵩》所載：

> 有十五條，總是事意；勸行平等，非滅佛法；勸不平等，是滅佛法。一、勸行大乘，二、勸念貧窮，三、勸舍慳貪，四、勸人發露，五、勸益國民，六、勸燎（獠）為民，七、勸人和合，八、勸恩愛會，九、勸立市利，十、勸行敬養，十一、勸寺無軍人，十二、勸立無貪三藏，十三、勸少立三藏，十四、勸立僧訓僧，十五、勸敬大乘戒。

道宣對這十五條的評論是：「勸行平等，非滅佛法；勸不平等，是滅佛法。」簡言之，這十五條規權，從其正面而言，其實是對當時佛教教團及這個世間不平等現象的批判。

面對當時暴富的官僚化僧團，衛元嵩企圖以大乘佛教思想破擊，提出都市即寺、皇帝即佛、民衆即僧之說，此說深得武帝心意。

武帝於天和四年（西元五六九年）佛誕日召百官、沙門、道士，討論釋老義，此後至建德三年五月乙亥共舉行了八次「三教論衡」。周武帝遍召群臣及名僧、道士，討論三教的優劣，其根本意圖是：企圖在思想上將儒釋道會通為一，更深層的意涵是壓低佛教的地位，定儒為先、道教為次、佛教為後，以利於治國教民。

建德二年、三年（西元五七三至五七四年），武帝召集群臣、道士、名僧進行辯論，始定出以儒教為先、道教為次、佛教為後的位次。在會上，佛、道兩家鬥爭非常激烈，名僧僧勔、僧猛、靜藹、道積等奮起抗爭，極力批判、排斥道教；然而，會議過後，此事不了了之。

經過六年的討論，國內佛、道論爭依舊激烈，二者在思想上無法根本調和；而且，造寺、立觀，鑄像、立碑，皆花費百姓大量金錢，再加上沙門、道士人數眾多，無一不是對武帝心中統一計畫的阻礙。緣此，他果斷廢止了國境中一切不合儒家禮典的宗教行為。

建德三年五月丙子，在無法透過辯論定於一論之後，武帝乾脆直接下詔廢止佛、道。武帝下詔：

> 斷佛道二教，經像悉毀，罷沙門、道士，並令還民。並禁諸淫祀，禮典所不載者，盡除之。

根據《魏書．釋老志》的記錄：「周武帝二教并廢，經像悉毀，沙門道士並令還俗。」隋代費長房《歷代三寶紀》也記載了下詔之後的狀況：

> 融佛焚經，驅僧破塔。……寶剎伽藍皆為俗宅，沙門釋種悉作白衣（佛教對非出家眾的稱呼）。凡經十年，不識三寶；當此毀時，即是法末。所以人鬼哀傷，天神悲慘；慧日既隱，蒼生晝昏。

《續高僧傳》亦載：

毀破前代關山西東數百年來官私所造一切佛塔，掃地悉盡。融刮聖容，焚燒經典。八州寺廟，出四十千，盡賜王公，充為第宅。三方釋子，滅三百萬，皆復軍民，還歸編戶。三寶福財，其貲無數，簿錄入官，登即賞費，分散蕩盡。

周武法難自武帝建德三年起，至其駕崩（西元五七八年），期間共五年，史稱「建德毀佛」；在這五年間，北方佛教遭到慘烈破壞。在毀佛之後，北周廢佛時將八州的四萬餘所寺廟沒收，充當了帝王貴族的宅第，並焚燒經書、拆毀佛像，又令三百餘萬僧侶還俗為民。自此以後，沙門轉為平民，不識三寶；時人皆認為，此時是佛教末法時期。

武帝廢止佛、道，但並不意味著他拋棄了佛、道二教的思想。他依舊沒有放棄三教齊一的理想，並想將政治加諸於宗教之上，故他在禁毀佛道的四十三天後，馬上就設置了「通道觀」。（註一二）通道觀是北周武帝對於中國儒、釋、道三教和王權論述的產物；北周官方挑選三教中學識、道德優秀者加入這個國家宗教學術機構中，並培訓學者們在此討論三教議題。對於北周武帝而言，他想透過王權與宗教的互涉，確立自身的王權在三教中的至上地位，以獲得無上的主導權。

《集古今佛道論衡》載：「別置通道觀，簡釋、李有名者百二十員，並著衣冠，名為通道觀學士。」這些被國家簡選出來的通道觀學士，其目的就是幫武帝強化宗教的神聖性，然而成效並不大。

建德六年，北周滅北齊，周武帝入鄴城，在原北齊境內推行禁佛之令，沙門慧遠（淨影寺慧遠，西元五二三至五九二年）與帝爭論不果。禁佛後，北方寺像幾乎滅絕，僧眾多逃奔江南。武帝死後，宣帝、靜帝先後繼位，佛法又興。

總的來說，周武法難確實給佛教帶來了巨大破壞，亦動搖了自身統治的基礎；不過，這一場大動盪，卻也是中國佛教新生的契機，讓佛教僧團從根本上有了去蕪存菁之契機。當時佛教的弊病甚多，「僧徒濫雜，寺廟多弊，蠹害百姓社會」，許多人並不信宗教，只是為了逃避政府監督。例如，當時貴族不納賦稅，虛耗國力；假出家的平民，逃避兵役；都在滅佛之際，被清洗出來，玉石分判，最後留下了堅定信仰的佛教大師與中國本土化的佛法。

唐代釋神清《北山錄》就看出了二次法難背後的價值，其云：「衛元嵩或以佛法惡賤假剛酷召禍之主託以訕謗，將使滅之；滅而復興，與天下惟新之義也。」日本佛教史學者塚本善隆於〈北周の廢仏〉一文亦言：

> 後漢以來，數百年間，由各地各派之人移植而來，並在北中國逐漸繁茂的「外來佛教」，在五七四至五七八年間被盡數伐倒了。在這塊宗教的廢土之中，實則散落埋藏著諸多佛教的種子，在隋代新的中國的佛教倏忽萌芽成長。北周武帝的宗教廢毀政策，正是作為提供了孕育新的中國佛教的沃土，具有極為重要的意義。

簡言之，兩次法難掃蕩了舊形態的「外來佛教」所造成的弊病，並將這些思想作為養分，融入中國本土化思想之中，影響了中國新佛教的觀念。顯然，中國式的新佛教，更適應中國的佛教徒，使得佛教可以由滅轉盛，而得以快速發展。

佛法瀕滅，隋代興之

隋文帝楊堅（西元五五四一至六〇四年）出生於佛教家庭，自其祖父母開始即有佛教信仰，其父楊忠亦深信佛教，甚至營建佛寺「棲巖道場」，〈棲巖道場舍利塔碑〉就曾記載：「棲巖道場者，魏永熙之季，大隋太祖武元皇帝之所建立。」

楊堅出生時，就是誕生於佛寺之中，幼年受到比丘尼智仙的照顧，並預言其能復興佛教。隋代王劭曾清楚敘述隋文帝小時的生活，據唐代道宣《續高僧傳》所載：

帝以後魏大統七年六月十三日，生於同州般若尼寺。……帝母以時炎熱，就而扇之，寒甚，幾絕，困不能啼。有神尼者，名曰智仙……及帝誕日，無因而至，語太祖曰：「兒天佛所祐，勿憂。」尼遂名帝為那羅延，言如金剛不可壞也。

隋文帝即位後，便有意識地延續北周的宗教改革政策；例如，重用僧人曇延重新建構國家的僧團。依《續高僧傳．隋京師延興寺釋曇延傳》載：

隋文創業，未展度僧。延初聞改政，即事剃落，法服執錫，來至王庭，面申弘理。未及敕慰，便先陳曰：「敬聞皇帝四海為務，無乃勞神？」帝曰：「弟子久思此意，所恨不周。」延曰：「貧道昔聞堯世，今日始逢」云云。帝奉聞雅度，欣泰本懷，共論開法之模、孚化之本。延以寺宇未廣，教法方隆，奏請度僧以應千二百五十比丘、五百童子之數；敕遂總度一千餘人，以副延請。此皇隋釋化之開業也，爾後遂多，凡前後別請度者應有四千餘僧。

依上，對於佛教的重建獲得很大的成效。此外，他也重用了僧人靈藏，見《續高僧傳．隋京師大興善寺釋靈藏傳》載：

宮闈嚴衛，來往艱阻，帝卒須見，頻闕朝謁，乃敕諸門不須安籍，任藏往返。及處內禁，與帝等倫，坐必同榻，行必同輿，經綸國務，雅會天鑒，有時住宿，即逼寢殿，䞋賜之費，蓋無競矣。開皇四年關輔亢旱，帝引民眾就給洛州，敕藏同行，共通聖化。既達所在，歸投極多，帝聞之，告曰：「弟子是俗人天子，律師為道人天子。有樂離俗者，任師度之。」遂依而度，前後數萬。晚以事聞，帝大悅曰：「律師度人為善，弟子禁人為惡，言雖有異，意則不殊。」至於隋運譯經，勝緣貴集，身先眾範，言會時望，末知寺任，綱正有聲。開皇六年卒於所住，春秋六十有八，葬於南郊。

依上文，隋文帝自稱是「俗人天子」，而稱靈藏法師為「道人天子」，給予相當尊崇的地位。這種二分法，表面上似乎是承認世俗、佛國的二元性或是政教二分，二者互不隸屬、相涉。然而，「有樂離俗者，任師度之」一句，則又明示，靈藏法師為民眾剃度的權力，是由隋文帝所給予的；因此，最終是否准許民眾出家為僧的權力，仍是由隋文帝決定，這又將宗教置於政治之下。

總的來說，佛教政策的管理權由王權所掌握，出家為僧必須得到王權的允許後，再送交王權授權的僧團處理，故宗教仍臣服於王權之下；法師只是暫時的管理者，並非真正獨立於權力之外。

由於大量的佛像、佛教經典在北周滅佛活動中遭到毀壞，這加深了當時佛教信眾對於普遍相信佛教將「法滅」或是現在是「末法」時期，此思想與南北朝流行的「三時說」有關。當時僧人將佛教分為「正法、像法、末法」三期，進入末法階段則意味著佛法即將崩潰，進入無佛的慘淡、末日狀態。

中國佛教由於深受貴霜佛教影響，自然也輸入了此一觀念。然而，在末法時期，會有「轉輪王」出世；轉輪王出現時，天下太平，人民安樂，沒有天災人禍。（註一三）國君也喜歡利用這點，將自己形塑為「轉輪王」的形象，以獲得政治、宗教的正統性。例如北魏諸帝、梁武帝、隋文帝與武則天等人推廣佛教的一些措施，基本上即遵循此一傳統而來。

隋文帝更是有意識成為「轉輪王」，所以有著率天下人民復興佛教的願力。如《佛祖歷代通載．卷第十》記載：

詔曰：仰惟正覺，大慈大悲，救護眾生、津濟庶品。朕歸依三寶，重興聖教，思與四海之內一切人民，俱發菩提，共修福業，使當今現在、爰及來世，永作善因，同登妙果。

上文之「朕歸依三寶，重興聖教」一句即是明證。

此外，為了解決民眾「法滅」、「末法」的焦慮，隋文帝借用《金光明經》的「正法國王」觀念和舍利信仰（註一四），於隋仁壽元年至四年，曾有三次營造、供奉佛舍利塔之事、法事規模相當宏大。

在迎送舍利的使者團到達當地州境時，「家家灑掃，覆諸穢惡」，地方最高行政、軍事長官親率民眾傾城遠迎，雖「盲躄老病莫不匍匐而至」，「容儀齊肅」，寶蓋、幡幢、華臺、像輦、佛帳、佛輿、香山、香缽、梵唄音樂，「盡來供養」，州郡百姓傾城而出，人山人海，觀者若堵。然後由沙門主持隆重的儀式，發願懺悔，當日「投財賄、衣物及截發以施者不可勝計。日日共設大齋，禮懺受戒。」

仁壽二年，隋文帝再次派遣使者團迎請舍利赴各地寺廟起塔供奉，這次共有五十一州寺院榜上有名。四月初八佛誕日午時，全國統一將佛舍利封入石函入塔。當年有高麗、新羅、百濟三國使臣將要回國，隋文帝讓他們各帶舍利一顆歸國起塔供奉。

仁壽四年，又分建舍利塔三十餘州，其詔書云：

朕已分布遠近，皆起靈塔。其間諸州猶有未遍，今更請大德，奉送舍利，各往諸州，依前造塔……三十餘州，一時同送。

藉由此三次大規模的弘法奉舍利事件，強調隋代是佛教正法住世的時代，隋文帝則是弘揚聖教的「轉輪王」。

隋文帝在開皇九年消滅南朝陳政權，重新統一中國南北，結束幾百年的戰爭時期，進入隋代的「統一盛世」，更是讓百姓確信他就是「轉輪王」。

除了政治，隋文帝在佛經上也煞費苦心。經過上述二次的滅佛行動，許多佛經皆已不存，於是他決定重新翻譯佛經，並禮邀北天竺僧人那連提黎耶舍（註一五）與闍那崛多（註一六）等多名法師來到中土，進行宣講與翻譯佛經。《續高僧傳．隋西京大興善寺北天竺沙門那連提黎耶舍傳》載：

有隋御寓，重隆三寶。開皇之始，梵經遙應，爰降璽書，請來弘譯。二年七月，弟子道密等侍送入京，住大興善寺。其年季冬，草創翻業，敕昭玄統沙門曇延等三十餘人，令對翻傳。主上禮問殷繁，供奉隆渥。年雖朽邁，行轉精勤。曾依《舍利弗陀羅尼》，具依修業，夢得境界，自身作佛。如此靈祥雜沓，其例非一。後移住廣濟寺，為外國僧主，存撫羈客，妙得物心。

又《續高僧傳．隋西京大興善寺北賢豆沙門闍那崛多傳》載：

於時文帝巡幸洛陽，於彼奉謁，天子大悅，賜問頻仍。未還京闕，尋敕敷譯。新至梵本，眾部彌多，或經或書，且內且外，諸有翻傳，必以崛多為主。

在國主的全力支持下，譯經工作很有效率地完成；除了正確、信雅地擴充佛教經典，更透過經典校勘的方式，重新整理佛教經卷的目錄，使經典具有正確性，很多疑經也利用這次機會排除掉。

然而，要在那裡譯經呢？答案是大興善寺。

隋文帝早在開皇二年（西元五八二年）下令，在漢代長安城東南二十里龍首原之南，建立新的都城「大興城」，並規畫建立大型官寺「大興善寺」。《續高僧傳．唐終南山紫蓋沙門釋法藏傳》載：

大定元年二月十二日，丞相龍飛，即改為開皇之元焉。十五日奉敕追前度者，置大興善寺為國行道，自此漸開，方流海內。

至此，大興善寺成為帝國最重要的佛教學術與禮儀空間，譯經也多在此地完成。此外，為了「為國行道」，隋文帝也下令在各州、縣建立「大興國寺」；這些新建佛寺，相當於大興善寺的分部。

開皇十二年，隋代出現了新型態的僧團「五眾」和「二十五眾」。《續高僧傳．唐京師清禪寺釋法應傳》載：

開皇十二年，有敕令搜簡三學業長者，海內通化，崇於禪府。選得二十五人，其中行解高者，應為其長。敕城內別置五眾，各使一人曉夜教習。應領徒三百，於實際寺相續傳業，四事供養，並出有司。

隋文帝在國都，設置「五眾」和「二十五眾」，作為國家培育佛教學術人才與教團傳承的重要機制，並透過「五眾」與「二十五眾」傳承特定佛教教義，使得僧眾可以透過人才培育，獲得相關知識；待學成之後，再到州、縣的大興國寺傳法。在學期間，僧眾們的「四事供養」(註一七)——即衣服、飲食、湯藥、房舍等日常所需，則由國家全權負責。

在隋朝一系列的政策支持下，不管是佛寺數量、佛經的翻譯卷數、僧眾的佛法水平，皆獲得前所未有的空前發展。根據《法苑珠林．卷第一百》記載，隋文帝於「一百餘州立舍利塔，度僧尼二十三萬人，立寺三千七百九十二所，寫經四十六藏、一十三萬二千八十六卷，修故經三千八百五十三部，造像十萬六千五百八十區。」其子隋煬帝「修故經六百一十二藏、二萬九千一百七十二部，治故像十萬一千區，造新像三千八百五十區，度僧六千二百人。」處處可見有隋一朝對佛教的支持。

【註釋】

註一：「沙門」為梵語 śramaṇa 之音譯，又譯為桑門、喪門、娑門、沙門那、沙迦懣曩、室摩那拏、舍羅摩拏，或可譯為「道士、道人、貧道」等，有「勤息」、「止息」等意。原為古印度宗教名詞，泛指所有出家，修行苦行、禁慾，以乞食為生的宗教人士，後為佛教所沿用，成為佛教出家眾的代名詞。沙門原義為能捨離世間貪愛、斷除停止種種不善之惡法、已滅除種種有漏的染汙法，後引申為出家求道。

註二：耆那教，梵名 Jaina，為印度宗教之一。於西元前五、六世紀左右，約與佛教同時興起，奉「十二支」（記錄了創立者大雄〔Mahāvīra，西元前五九九至前五二七年〕及其他祖師的言行）為經典。基本教義為業報輪迴、靈魂解脫、非暴力及苦行主義等。教理上，將宇宙之構成要素分為靈魂與非靈魂；後者包括運動因（梵文

dharma）、靜止因（梵文 adharma）、虛空、物質四種，再加上靈魂則為五個實在體。物質由原子組成，含有下降性，靈魂則含有上昇性之一切知，其自身無障礙，故得自由；物質之形成，乃由於業而有所繫縛，此即為輪迴之因。若欲脫離輪迴則須嚴守「不傷害、不妄語、不偷盜、不淫、無所得（梵文 anupalabhya）」等五戒（五大誓）之苦行生活；由是則能令業消失，發揮靈魂之本性，到達止滅，即得解脫，稱為涅槃。靈魂、非靈魂、善業、惡業、漏入、繫縛、制御、止滅、解脫等稱為「九諦」。（節錄自佛光大辭典網路版 https://www.fgs.org.tw/fgs_book/fgs_drser.aspx）

註三：僧官制度始於魏晉南北朝時期的後秦，當時的職稱為「僧正」，又稱「僧主」。僧正，意思是須先自正，然後才可以正人。最初，僧正是僧團中職位最高的僧官，以佛法戒律規範僧尼；南北朝以後，歷代承襲其制，只是職稱隨朝代而有變更。

據《梁高僧傳》記載，鳩摩羅什入關後，弟子多達三千人，僧團龐大。後秦姚興惟恐僧團的組織與力量影響到政治的統領，於是在弘始七年（西元四〇五年）頒布詔書，從僧尼當中禮派學優德芳的僧人擔任僧主，統領僧團；同時，在僧主之下，選派僧遷擔任「悅眾」，法欽與慧斌擔任「僧錄」之職，這可說是中國僧官制度的開端。

註四：《宋書．索虜傳》載：「先是，虜中謠言：『滅虜者吳也。』燾甚惡之。二十三年，北地瀘水人蓋吳，年二十九，於杏城天台舉兵反虜，諸戎夷普並響應，有眾十餘萬。燾聞吳反，惡其名，累遣軍擊之，輒敗。吳上表歸順。」

註五：雲岡石窟位於山西省大同市西郊，主要建於北魏興安二年（西元四五三年）到太和十九年（西元四九五年）間，由魏文成帝、獻文帝、孝文帝、宣武帝等支持興建。文成帝命曇曜擔任沙門統，執行開鑿雲岡石窟，為中國歷史上第一個偉大的佛教藝術石窟。

註六：南朝梁武帝蕭衍（西元四六四至五四九年），素有「皇帝菩薩」之稱，是中國第一位以轉輪王理念治國的皇帝。他撰寫〈斷酒肉文〉，為中國佛教僧侶素食戒律的開始。受持菩薩戒時，有四萬八千人跟隨受戒。他也是第一位出家的皇帝，通達佛教教理，常為四眾講經，著有《涅槃經》、《淨名經》等義疏百卷。今日漢傳佛教信眾常禮誦的《梁皇寶懺》及《水陸儀軌》，都與武帝有關。

註七：僧綱又稱僧官，是中國佛教為了管理僧尼而設置的僧官之職。在印度佛教中，僧侶於寺院雖有各種執事，但無官職之制。傳至中土，因受官方庇護支持，因此設僧官管理。

中國的僧官制始於魏晉南北朝時代，檢校僧尼有無犯戒、失職等情事，並監督諸寺院事務之官職。西魏末年，宇文泰曾創設一種名為「三藏」的僧官，由皇帝敕授善於教導學徒、功績卓著的高僧，封號「三藏」，擔負教導與管理僧眾的職責。後來，這一職稱取代道人統，而產生「國三藏」、「州三藏」、「昭玄三藏」等新的僧官。

註八：《續高僧傳．卷二十八》：釋道臻，姓牛氏，長安城南人。出家清貞，不郡非類，謙虛寡交。顧只讀經博聞為業，諸法師於經義有所迷忘者，皆往問之。西魏文帝聞而敬重尊為師傅，遂於京師立大中興寺，尊為魏國大統。於時東西初亂，宇文太祖始纂帝圖，挾魏西奔萬途草創。僧徒相聚綴旒而已，既位僧統，大立科條；佛法載興，誠其人矣。爾後大乘陟岵相次而立，並由淘漸德化所流。又於昆池之南置中興寺，莊池之內外稻田百頃，並以給之，梨棗雜果望若云合。

註九：「傳度」的「傳」是傳承之意，「度」則是「度化」的意思。凡是有道教信仰的人，首先要有師承，由師傅引進道門。經過「傳度」後，即取得了由凡入聖的第一級階梯，就有了師承、道名、字輩；也就是說，終生有了信仰的依靠。道士在傳度之後，已經取得了道位，對於督促自身勤加修煉、增長道教知識均有很大幫助。按照《道門十規》的要求，可以雲遊參訪，參拜名師，度己度人。

註一〇：「法籙」是道士應持之典，也是對修道者功行修持的認定，故升授、加授均有嚴格的考核程序。同時，法籙又是道士行法的憑證；只有授過籙之後，才能召喚籙上神兵將吏護法顯靈。未授籙者，行法不靈，吏兵遠身；如強行施法，不但不靈，且自身反遭天譴。其次，道士修持一生，超凡脫俗；一旦羽化，即可憑籙登仙，須以仙職，免除冥府地獄之苦。

註一一：上座，梵語 Sthavira，又音譯為悉他薛攞、住位苾蒭，或稱「住位比丘」，又稱長老，為出家僧團中，對較為資深之成員的敬稱。

註一二：《周書．武帝紀．立通道觀詔》中說明，這個世界諸教並行是因為「至道弘深」卻「歧路既分」，故而「異說相騰」；因此建立通道觀，希望「所以濟養黎元，扶成教義者，並宜弘闡，一以貫之。」

北周武帝建德三年（西元五七四年）五月，廢佛道二教；為培養保存二教根本義之人士，遂置通道觀。因二教已遭廢毀，乃由還俗僧侶道士之中選出優秀人才為通道觀學士，著衣冠笏履，講老、莊、周易，兼亦鑽研佛經。佛教僧侶中為通道觀學士者有普曠、任道林、彥琮等人。

註一三：西元前一七八年，孔雀王朝大將普沙密多羅弒君自立，改號熏迦王朝。即位後進行大規模戮僧毀寺的排佛運動，使得中印度頓時寺空僧絕，史稱「中印法難」。此次法難使佛教產生了「千年法滅」的末法思想，並產生尋求王臣等有力外護的理念；印度傳說中的英主「轉輪王」，就被後世佛教徒視為佛教大護法，知名的佛教支持國主阿育王（Aśoka）

便被譽為轉輪聖王。

轉輪王，梵語 cakravartin，音譯為魔伽梵帝斫迦羅伐剌底、遮迦羅跋帝、遮迦越羅，又稱轉輪聖王、輪轉聖王，簡稱輪王，印度宗教術語。在印度神話中，當統一世界的君王出現時，天上將會出現一個旋轉金輪，作為統治權力的證明。擁有這個旋轉金輪的人，將成為這個世界以及全宇宙的統治者，會以慈悲與智慧治理這個世界，開創轉輪聖朝。

大月氏王丘就卻（Kujula Kasasa，西元三〇至八〇年在位）於西北印創立貴霜王朝（Kusāna）；三傳至迦膩色迦王時（Kaniska，約西元七八至一二三年），是王朝極盛時期。迦膩色迦王禮脅尊者及馬鳴菩薩為師，崇尚佛法；又為統一各派說法，禮請脅尊者以一切有部為宗，於迦濕彌羅（即今喀什米爾）召集五百賢聖舉行第四次結集，使得佛教盛傳於西北印。

依學者古正美之說（參閱所著《貴霜佛教政治傳統與大乘佛教》），丘就卻便是以佛教轉輪王的姿態統治貴霜。

註一四：「舍利信仰」指的是對釋迦遺骨之崇拜。舍利信仰的起源故事，可追溯到《長阿含經．遊行經》。在此經書的記載中，在家信徒相互爭奪釋迦火化後留下來的遺骨（舍利），最後舍利被分成八份，入祀於各地的佛塔中。

註一五：那連提黎耶舍（梵名 Narendrayaśas，西元四九〇至五八九年），又作那連耶舍、那連提耶舍。北印度烏場國人，姓釋迦，為剎帝利種。年十七出家，通大小二乘，精於三學。欲禮佛陀聖蹟而周遊諸國；後受一尊者之諭，始返其國。於歸途中，以誦觀音神咒而免賊害。至芮芮國，值突厥之亂，遂絕其歸國之志。乃越葱嶺，入北齊，時年四十，甚受文宣帝禮敬。住天平寺譯經，譯出《月燈三昧經》等五部四十九卷。尋授昭玄統，以所獲供祿建立汲郡西山三寺，安養癘疾百姓。隋興，始再襲法衣，文帝敕住大興善寺，拜外國僧主，與曇延等三十餘人再從事譯經工作。開皇九年八月入寂，世壽百歲，先後譯有十三部七十餘卷經典。

註一六：闍那崛多（梵名 Jñānagupta，西元五二三至六〇〇年），北印度犍陀羅國出身譯經僧人，隋文帝開皇四年（西元五八四年），在文帝邀請下，再至京師。開皇五年以後，在大興善寺翻譯佛經，共翻譯《佛本行集經》、《法炬》、《威德》、《護念》、《賢護》等三十七部一百七十六卷佛經。

註一七：由於僧侶以修行為前提，修行過程中需要摒除各種外緣，自謀生活必需品不易，便有賴信眾供養布施。「供養」即意指供給資養佛法僧三寶，「四事供養」便是供養出家僧眾日常生活所需之四事。四事一般可指：衣服、飲食、臥具、醫藥，或指衣服、飲食、湯藥、房舍等。《增一阿含經》：「佛在舍衛國祇樹給孤獨園，為波斯匿王說法。王即請佛及比丘僧三月供養，遂於宮門之外作大講堂，懸繒旛蓋及辦一切，供給所須衣被、飲食、臥具、醫藥。故云四事供養。」《佛本行集經》：「尊重承事，恭敬供養，四事具足，所謂衣服、飲食、臥具、湯藥。」

第二章 八歲說法·十五從軍

孩提時，常於宅後塚上，為眾說法；聞者莫不信悟，因名為「說法塚」。年十五，代兄統兵勦賊，桶水擔薪，供給十萬軍眾有餘。

杜順大師（陳武帝永定元年至唐太宗貞觀十四年，即西元五五七至六四〇年）出生於雍州萬年杜陵村（今屬陝西省西安市），屬於杜陵杜氏。據說，杜順大師是唐代著名宰相杜如晦（西元五八五至六三〇年）的族叔。

乳母自來哺養，三月騰空而去

杜母懷杜順之時已經四十六歲了，在當代也屬於高齡產婦；依據現在產婦年齡與自然受孕機率的關係統計，機率大約低於百分之一。

筆者以為，就佛教因緣說觀之，若無與生俱來的諸佛功德，大概很難有機會誕生。由此可以推想，杜順的出生，必定為了一大事因緣而來——或與佛陀一般，是為了「開」、「示」眾生佛陀所有知見，以「悟」、「入」佛陀知見之道，而出現於此世間。（註一）

在杜順出生後，或許是因為母親年紀大，缺少奶水，無法哺乳。據清代釋續法《法界宗五祖略記》記載：

生纔三日，有乳母自來求哺養。滿三月，騰空而去。

就在此時，突然出現了一位乳母自願來為杜順哺乳。奇特的是，滿三個月後（古時餵養嬰兒副食品的時間比現代早），這個婦人竟然就騰空而去。

八歲感通，墳上說法

南朝陳・天嘉五年（西元五六四年），這一年北方發生了著名的「洛陽之戰」。北周十萬大軍圍攻北齊洛陽，北周派遣尉遲迥進攻，北齊高湛派蘭陵王高長恭、大將軍斛律光、段韶救援。最終，北齊以少勝多。

儘管外面世界風雨飄搖、殺聲震天，流血漂鹵（大盾）；但是，身在杜陵的杜順，卻平靜如初，對外界的變化渾然不知。雖然家鄉此時是時世安寧和平，生活清靜無憂；但是，對於人類中的智者來說，「生從何來？」「死往何去？」一直是很重要的、也是無法避免的生命大哉問。

佛陀就是人類的智者，因不忍世人飽受生老病死之苦而開始修行，最終覺悟成佛，向世人宣講離苦得樂的方法。證悟後，為世人宣說「四聖諦」——苦、集、滅、道。

苦諦：

說明世間一切事物乃因緣和合故變異無常，一切生存是苦。生活中當然有苦有樂，但使人難以忍受的是「諸行無常」，無常即苦。

生、老、病是眾生所必經的，肉身的「我」，由「五蘊」——色、受、想、行、識——組成，只是短暫而偶然的產物，沒有常住、永恆的東西。然世人任執「無常」為常，因生種種苦且受種種「苦報」，仍不改其樂；遂有茫茫無邊的「生死輪迴」之苦，是為「苦海」。

集諦：

「集」指的是有關於苦的原因。按照佛教的說說法，人的苦難來自對於永生的欲望；因為生死流轉永無寧日，所以每天會擔憂受怕。之所以有種種痛苦，是因為有產生痛苦的根源，主要是來自於「貪、瞋、癡」三毒。

滅諦：

面對上述之苦，人都會想盡辦法要去除痛苦，要消滅產生痛苦的原因——貪、瞋、癡，這就是「滅諦」。

道諦：

又稱為苦滅道聖諦，主要是說為了解消「集」所產生的痛苦、使苦不再積聚，而採取的諸般修行方法。

在面對「貪、瞋、癡」三毒，就必須有相對應的修行法門予以對治。佛法中，對於十二緣起（無明緣行，行緣識，識緣名色，名色緣六入，六入緣觸，觸緣受，受緣愛，愛緣取，取緣有，有緣生，生緣老死）、六根（眼、耳、鼻、舌、身、意）、六塵（色、聲、香、味、觸、法；六根、六塵合稱「十二入」）、六識（眼、耳、鼻、舌、身、意等六識；十二入與六識合稱「十八界」）等，提出了相應的止息法門。

總的來說，人之所以痛苦，是因為人有欲求，過當求之。所謂「欲」，指對於特定對象產生希望欲求的精神作用。五欲指「財、色、名、食、睡」等五種欲望。《大智度論・卷十七》載：「五欲無益，如狗齩骨。」又說：「五欲燒人，如逆風執炬。」「諸欲樂甚少，憂苦毒甚多，為之失身命，如蛾赴燈火。」都說明了，欲之於人，是如影隨形，無法捨去，一般世人甚至會如飛蛾撲火般，狂野貪戀，甚至犧牲生命也在所不惜。

而人的欲求，就來自於自身的六根——「眼、耳、鼻、舌、身、意」向外界的貪求：眼對色境，而生眼識；耳對聲境，而生耳識；鼻對香境，而生鼻識；舌對味境，而生舌識；身對觸境，而生身識；意對法境，而生意識。

什麼叫「塵」？凡一切世間的事物，能汙染我們真性的清淨心者，都叫做塵。六根對六塵——色、聲、香、味、觸、法等六種外境，是能引起感官與心靈感覺、思惟的對象。因為它們具有汙染情識的作用，就如同老子《道德經・十二章》所言：

五色令人目盲，五音令人耳聾，五味令人口爽；馳騁畋獵，令人心發狂；難得之貨，令人行妨。

老子清楚地告訴我們：過分追求視覺享受，反而眼花繚亂；過分追逐音樂享受，反而聽覺麻木；過分追尋味道享用，反而味覺疲乏、食不知味；過分地縱情於騎馬打獵，會弄得魂不守舍；過分追求奇珍異物，會弄得行傷德壞。

因此，就佛法觀之，人若要解脫生死，進入涅槃之境，就是要修行，對治「欲求」。

如前所言，杜順之出世，或許是因為「一大事因緣」；他從八歲開始，便展現出不同於常人的大智慧，開始在自家後面的墳塚上為眾人講解佛法。

根據釋續法《法界宗五祖略記》所記：

（杜順）孩提時，常於宅後塚上，為眾說法；聞者莫不信悟，因名為「說法塚」。

杜順教導百姓們正信的佛法，讓眾生可以去迷就正，彰顯真實智慧，立願脫離世俗煩惱、無明、愛欲的苦海，並以堅定的心志遵循正覺之道，聽者無不信受領悟。因此，該地後來被稱為「說法塚」。

為何要選擇在塚上宣說佛法呢？因為，人類難以跨越的鴻溝，就是時間、就是死亡。或許為了要讓村民經由「人必有死」的體悟而修習佛法，杜順才會選擇在後山孤塚上說法。

「墳塚」所代表的，既是「死亡」，也是「重生」。人只要不修行，一天過一天，得過且過，最後的終點都是死亡，人死就會進入墳塚之中；但是，若能修習佛法，就是重生。因為，在學佛的過程中，可以讓人找到所有痛苦的根源、以及消除煩惱痛苦的方法和智慧。

為了讓他們了解佛教中所說的苦，並進一步尋求解脫，就必須了解佛教的因果律、業力與六道輪迴。因果，根據《佛光大辭典》的解釋：

梵語 hetu-phala。指原因與結果，亦即指因果律，為佛教教義體系中，用來說明世界一切關係之基本理論。蓋一切諸法之形成，「因」為能生，「果」為所生；亦即能引生結果者為因，由因而生者為果。以時間之因果關係而言，因在前，果在後，此稱為「因果異時」；但若就空間而言，則如束蘆之相倚相依之情形，此乃廣義之因果關係，稱為「因果同時」。

簡言之，所造之事為因、報為果，因和果輾轉相生，謂之「因果報應」或「因緣果報」。因果通於過去、現在和未來，謂之「三世因果」。

此間，必須解釋一下，為何我們在人世間看到，惡人享福，善人卻受苦？為何不是「善有善報，惡有惡報」呢？

《大寶積經》云：「假使經百劫，所作業不亡，因緣會遇時，果報還自受。」我們種下了善因，不一定立即產生善報；只有等到緣分到了（因緣成熟）才能、也一定會得到善報的結果。反之，惡因亦然，故必須在下一世甚至多世後才能有結果。

業，梵語karma，音譯為羯磨或羯摩，稱果報、業力、業報、報應，為隨身、心行動後所產生之會引發後果的力量。阿含部《分別善惡報應經》：

爾時佛告長者言：「汝應善聽！一切有情造種種業，起種種惑。眾生業有黑白，果報乃分善惡，黑業三塗受報，白業定感人天。」

佛教認為，業既是行造作的果，「白業」為善行，「黑業」為惡行，這些善惡的行為與輪迴是相關的。

所謂「六道輪迴」指的是，眾生按照生前因果，自然會進入不同的生命層次。「六道」分為三善道跟三惡道，三善道：天道、人道、修羅道；三惡道（三塗）：地獄道、餓鬼道、畜生道。輪迴即不斷在天道至地獄道之間的六道進行，純看生前善惡；修習佛法所證入的「涅槃」（梵語nirvāṇa之音譯，或譯為泥洹，意為解脫、無煩惱），則能「不受後有」，不再因業力牽引而輪迴不已。

至於六道，分別為：

天道：受人間以上勝妙果報之所。因在人道的人行十善而生天的天人，可以飛翔、有神通、壽命長，但仍會死亡，屆時顯現天人五衰相，壽終仍入輪迴。

阿修羅道：雖享有天人福報，但其心受種種染汙，造種種不善業，並因此福報衰滅；若行不善，則可能墮入人、畜牲、餓鬼、乃至地獄道中。

人道：人道眾生是因先世行中品十善而感此果報；但於人道常受各種苦厄，諸如三苦（苦苦、壞苦、行苦）與八苦（生、老、病、死、愛別離、怨憎會、求不得、五陰熾盛等苦）。

畜生道：包含甚廣，舉凡一切飛禽走獸、水陸空行，大如牛馬豬羊，小至蟲蟻飛蛾，皆攝屬於此道，大抵可分為胎生、卵生、溼生三類。

餓鬼道：餓鬼道眾生，多受飢餓怖畏，故名餓鬼。

地獄道：在六道之中，以地獄道之痛苦為最甚。「地獄道」只是一個統稱，它可被細分為八大熱地獄、八大寒地獄、近邊地獄及孤獨地獄四大部分。地獄眾生在其間受盡苦痛，無法出脫。

代兄統兵剿賊，桶水擔薪立功

在五胡亂華時期，晉室南渡，北方大陸由北齊與北周共治；在一山不容二虎的情況之下，雙方彼此攻伐不休。

杜順法師五歲（西元五六一年）時，北周皇帝宇文邕野心勃勃地想一統北方，就開始進兵北齊。北齊武成帝高湛經過一連串的政治鬥爭，終於登基，自然也想大展拳腳，雙方就在北齊境內大打出手。

杜順法師八歲（西元五六四年）時，在家鄉後山荒塚上說法之際，外面世界正在風起雲湧，外交暗流湧動。北齊武成帝高湛讓位於嫡長子北齊後主高緯；宇文邕利用北齊內政大亂，又興兵攻齊；北齊與北周雙方發動大軍，在邙山一帶展開大決戰。西元五六四年九月，突厥在塞北集結兵力，決定聯合北周攻打北齊，北周宇文護於是徵集二十萬軍隊準備東進。十月，宇文護派柱國尉遲迥率十萬大軍進攻洛陽。十二月，宇文護派兵阻斷河南河陽（今河南省孟縣）的道路，企圖阻斷齊國援兵。

但是，因北齊兵力甚微，北周軍方判斷，北齊必不敢出兵迎戰，於是放鬆警惕、戒備不嚴。此時，北齊認為若要平衡雙方勢力、打壓北周氣勢，必須兵行險著，才可出奇制勝；於是，派出蘭陵王高長恭、大將軍斛律光率領大軍救援洛陽，高湛甚至決定與并州都督段韶一起自晉陽南下，親督諸軍解救洛陽。北周軍不意北齊軍突至，軍心不穩，倉卒上山迎戰，段韶且戰且退、誘敵深入；周軍越戰越疲，齊軍趁勢發起反擊，大敗北周軍。周軍全線潰退被迫撤軍，只有大將軍柱國韓果的軍隊得以保全，最終北齊以少勝多。

經過此次連年數次大小會戰，天下再無安寧之地，寒屍滿溝渠、流民漫天下，各地百姓哀號之聲不斷，賣妻鬻子之事不斷。

《醒世恆言．卷三．賣油郎獨占花魁》有云：「寧為太平犬，莫作亂離人。」在亂世之中，戰亂頻繁，人民生命財產難以保全；社會生產建設和商品市場流通遭到阻礙或破壞，生活困苦。老百姓在這種情況之下，眼見苦海無邊、渺無希望，遂將此生的願望寄託至來生，佛教的因果與來世思想也因而成為他們對來生的某種企望……

南朝劉宋開始，在世兵制度之外，間以徵、募兵制度，即徵民為兵。在兵荒馬亂之際，為了打敗敵人，官方更近乎瘋狂地動員底層農民，甚至抓丁上前線打仗，民眾連苟活都難以奢望。

釋續法《法界宗五祖略記》就記載杜順替兄從軍之事：

（杜順）年十五，代兄統兵勦賊，桶水擔薪，供給十萬軍眾有餘；一夜潛取諸營所著垢衣，浣淨悉徧。未舉鋒刃，賊寇盡退。不樂官榮，請歸養親。

杜順十五歲時，家鄉杜陵仍難免於禍亂之外。在兵員不足的情況之下，官府當然會至各地徵兵，杜順的兄長大概就是在徵兵的兵牒之中。或許基於長子須繼承家業的觀念，杜順自願替代哥哥從軍。

在從軍期間，杜順似乎便已具有某種神通力。《略記》言「代兄統兵」，十五歲的杜順應該還不能勝任，所以就做些後勤工作。

他每日辛苦提水、擔薪，竟能供應十萬軍眾的需求！甚至在一個夜晚，便能悄然收取各營軍士們的髒衣服，將之浣洗乾淨。十五歲的少年有這般能耐，豈不令人驚歎！

最後，北周打贏了戰爭。杜順雖無前線殺敵之功，卻可能因在後勤補給上建功，而有獎勵與殊榮。然而，杜順自是不樂見戰爭殺伐之事，故他予以推辭並請求能回到家鄉奉養親人。

【註釋】

註一：《法華經．方便品》有云：「諸佛世尊，唯以一大事因緣故，出現於世。舍利弗！云何名諸佛世尊、唯以一大事因緣，故出現於世？諸佛世尊欲令眾生開佛知見，使得清淨，故出現於世；欲示眾生佛知見，故出現於世；欲令眾生悟佛知見，故出現於世；欲令眾生入佛知見道，故出現於世。舍利弗！是為諸佛唯以一大事因緣，故出現於世。」

第三章　剃度出家，師從僧珍

至十八，即於因聖寺魏珍禪師處，投禮出家。禪師親與披剃，時感地動，地神捧盤承髮，四眾奇之。

十五歲經歷戰爭的洗禮後，杜順於十八歲時，終於實現八歲時便應該懷抱的志向，剃度出家，專心修習佛法。

十八剃度出家，地神捧盤承髮

孝親在佛教的觀念上基本可分為兩種，一種是「世間孝」，另一種為「出世間孝」。

「世間的孝親觀」只局限於這一生，也就是今生今世的父母，孝行也不過表現為對父母生前生活所需的滿足，並時刻關心其感受；能夠做到這樣的話，就已經算是世間的孝。

「出世間的孝親觀」，所孝敬的則是累世父母。如《梵網經菩薩戒》有云：

一切男子是我父，一切女子是我母，我生生無不從之受生，故六道眾生皆是我父母。

佛教將「父母」的概念擴展到六道一切眾生；對父母行孝的內容，也由簡單的物質、精神上的暫時供養，轉向幫助父母脫離六道、截斷生死洪流，真正的離苦得樂，這是出世間的大孝。

出家的目的無非是：「上求佛法，下化眾生」，這種願度一切眾生的菩薩道思想，可以說是佛教孝親觀最殊勝的觀念。因此，若為度脫六道一切眾生而出家者，更是孝中之大孝。

據釋續法《法界宗五祖略記》記載：

至十八，即於因聖寺魏珍禪師處，投禮出家。

十八歲時，杜順就依止於因聖寺僧珍法師剃度（註一）出家，法號「法順」；因俗家姓杜，故後人又稱其為杜順法師。

對父母而言，兒女出家的功德甚為殊勝。據《盂蘭盆經》載：

具清淨戒聖眾之道，其德汪洋。其有供養此等自恣僧者，現在父母、七世父母、六種親屬得出三途之苦，應時解脫，衣食自然。若復有人父母現在者，福樂百年；若已亡七世父母生天，自在化生入天華光，受無量快樂。

出家人至心修道，乃至能度脫父母及宗親脫離六道輪迴，離苦得樂；父母親若能理解支持，是累生累世的善根福德因緣。

當杜順剃髮之時，出現了讓人驚歎的神異現象。據釋續法《法界宗五祖略記》載：

（僧珍）禪師親與披剃，時感地動，地神捧盤承髮，四眾奇之。

當僧珍禪師剃刀割下頭髮之時，大地忽然震動，地神現身，手上捧著盤子，恭敬地承接杜順大師的落髮。看到這一幕的與會眾人皆驚奇萬分。

自此以後，出家杜順大師便專心習學佛法，修道證果，為人天之師，這才是真正的報父母恩；但從此之後，再不能跪拜父母，只能合掌問訊。（註二）

師從僧珍，修持定業

唐代道宣《續高僧傳．唐．雍州．義善寺．釋杜順傳》記載：

（杜順）十八棄俗出家，事因聖寺僧珍禪師，受持定業。珍姓魏氏，志存儉約，野居成性。

根據道宣的記載，僧珍禪師是一修持特別的神異僧、苦行僧。他一開始的修行，是學習佛陀成佛前的苦修精神，住在都邑之外的郊野之中，維持節儉簡單的生活。僧珍所修持的法門應該是修治身心、除淨煩惱塵垢的「十二頭陀行」（「頭陀」為梵語 dhūta 之音譯，或譯為杜多、杜荼等，兼顧意譯則為「抖擻」，即是打起精神、勇猛精進之意），於《佛說十二頭陀經》中有詳細解說，以下僅作略解：

一、在阿蘭若處：

阿蘭若，梵語 araṇya 之音譯，意譯為叢林，引申為「寂靜處」、「空閑處」、「遠離處」、「無事處」。修行頭陀行的僧人，通常在村外空隙的地方，在墳場等平常人厭惡遠離的所在，造小房居住，或不造房屋、只止息在大樹之下，作為清靜修道之所。此詞後被引申作為佛教僧侶的聚集地及住所名稱，為佛寺的同義詞。禪宗寺院便又稱為禪林、叢林。

住阿蘭若處，能讓修行之人身心輕鬆，遠離五欲（財欲、色欲、名欲、飲貪欲、睡眠欲）、五蓋（貪欲蓋、瞋恚蓋、昏沉睡眠蓋、掉舉惡作蓋、疑蓋）。修行之人居處在阿蘭若處，制心一處，精進修行，不貪戀世俗世情、心生煩惱，「外息諸緣，內心無喘」，以求證入無上菩提道。

二、常行乞食：

這是佛陀為教下弟子制定的四依法——常行乞食、著糞掃衣、樹下坐、服陳棄藥——之一，旨在培養佛弟子的恭敬心，消除貪欲與傲慢心。《佛說十二頭陀經》云：

欲入聚落乞食之時，當制六根，令不著色聲香味觸法，又不分別男女等相；得與不得，其心平等；若好若惡，不生增減。不得食時應作是念：釋迦如來舍轉輪王位出家成道，入里乞食猶有不得，況我無福薄德之人而有得耶？是為乞食法行者。

簡言之，在行乞食法時，一定不能有分別心，不論男女、貴賤，都要平等向其乞食；得或不得、飲食或好或惡，皆不動於心。

三、次第乞食：

《佛說十二頭陀經》云：

頭陀比丘，不著於色，不輕眾生，等心憐愍，不擇貧富故，受常次第乞食法。

此段意謂，在行乞食這一頭陀法時，要堅持次第乞食法，挨家挨戶地進行，不管是貧窮的家庭，還是富貴的家庭，都要一視同仁。此係因為，乞食的本身有兩種含義：一是為自己，促進自己的修行；二是為眾生，讓眾生有布施的福報。如《大乘義章》所云：「專行乞食，所為有二：一者為自，省事修道；二者為他，福利世人。」

四、受一食法：

「一食法」即是佛教所說的「日中一食」。按照佛制，佛弟子應嚴持「過午不食」之律。《佛說十二頭陀經》云：

> 我今求一食尚多有所妨，何況小食、中食、後食。若不自損，則失半日之功，不能一心行道。為佛法故，為行道故，不為身命，如養馬養豬；是故斷數數食，應受一食法。

在佛教中，飲食被稱為「藥石」——飲食的目的是如服用藥物一般，是為了有力氣弘法布教，方便用功辦道。因此，修行之人，不能貪於口腹之欲，像豬馬牛羊一樣那樣每天多次飲食。

五、節量食：

即飲食要適量，不多也不少。《佛說十二頭陀經》云：

> 我今若見渴乏眾生。以一分施之。我為施主彼為受者。施已作是願言。令一切眾生與福救之莫墮慳貪。……但食三分之二。以自支身命。

佛制比丘應將所得供養的食物分為三份，兩份自己受用，為了保持身心健康，方便弘法；一份要給飢渴、飢餓、睏乏的眾生，讓他們遠離苦厄。此法不僅能消除內心的貪欲，還能利益眾生。

六、中後不得飲漿：

按照佛陀的教法，出家修行的比丘，過午不得飲食，也不能飲用漿果、蜂蜜等較濃稠的飲品。《佛說十二頭陀經》云：

> 過中飲漿則心生樂著；求種種漿、果漿、蜜漿等，求欲無厭，不能一心修習善法。如馬不著勒，左右啖草不肯進路；若著轡勒，則啖草意斷，隨人意去。是故受中後不飲漿法。

一般修行人仍是母腹凡胎，過了中午之後一樣會飢餓；一旦過午後飲漿，就會心生貪著，希望得到漿果、漿蜜等。貪婪之心生起後，修行之人就很難安心修習善法；如同馬沒有了轡頭的枷鎖，就會貪圖身邊的青草，不願意前行一樣。於是佛陀告誡弟子，若要想成就道業，就要放下對飲食的貪戀與執著。

七、著弊衲衣：

弊衲衣，即佛教所說的「百衲衣」、「糞掃衣」、「壞色衣」，往往是用別人丟棄的衣服碎片縫製而成。《佛說十二頭陀經》云：

應入聚落中，拾故塵棄物浣之令淨，作弊納衣，覆除寒露。有好衣因緣，則四方追求，墮邪命中；若得人好衣，則生親著；若不親著，檀越則恨。

穿壞色衣，旨在破除佛弟子對穿著的貪求。《論語．里仁》亦有同樣的見解，子曰：「士志於道，而恥惡衣惡食者，未足與議也！」

八、但三衣：

《佛說十二頭陀經》云：

衣趣蓋形不多不少。白衣為好故，畜種種衣；或有外道苦行，裸形無恥。是故佛弟子應舍二邊、處中道，受但三衣法。

三衣，即僧伽梨（大衣）、郁多羅僧（上衣）、安陀會（內衣）。（註三）意即出家眾不必如在家眾那般有許多衣物、徒增貪念，卻也無須像裸形外道那般無衣遮體；故取其中道，只要有不同場合所須的三件衣物即可。

九、冢間住：

《佛說十二頭陀經》云：

所謂止觀無常空觀。是佛法初門能令厭離三界。冢間常有悲啼哭聲。死屍狼籍眼見無常。又火燒鳥獸所食不久滅盡。因是屍觀。一切法中易得無常想。

「冢（塚）間」即墳墓。行冢間住法，是要提醒我們明了世事無常、因緣和合之理。修行者要把握時間，精進修行，不能放逸懈怠。

且滿山的墳冢間常有家屬的悲啼聲，常能看到腐爛不淨的屍體；這些痛苦不堪的無常景象，能讓修行之人生起九種觀想：「青瘀想」、「膿爛想」、「蟲啖想」、「膨脹想」、「血塗想」、「壞爛想」、「敗壞想」、「燒想」、「骨想」，此即「不淨觀」。如此，修行之人更易生起出離心，勤修三無漏學（戒、定、慧），誓願圓成佛道，度脫眾生，遠離無常之苦。

十、樹下止：

即佛制比丘應經常在樹下止住修道，這樣更易生清淨心，靜心修行。《佛說十二頭陀經》云：

是故應舍至樹下思惟求道。又如佛生時，成道、轉法輪、般涅槃時皆在樹下。行者隨諸法常處樹下，有如是等因緣故，應受樹下坐法。

佛陀告訴弟子們，他在沒有開悟成佛之前，常在樹下思惟修道；即便是開悟成佛之後，仍然堅持樹下止的頭陀法，如在轉法輪時、在涅槃之際，都在樹下。故而，作為一名行者、作為一名修學佛法的修行之人，要按照佛制的要求，常處樹下，才能助力我們精進修行，獲得大圓滿、大解脫。

十一、露地坐：

《佛說十二頭陀經》云：

樹下有種種過：一者雨漏溼冷，二者鳥屎汙身、毒蟲所住，有如是等過，空地則無此患。露地者，著脫衣裳，隨意快樂；月光遍照，令心明利，易入空定。

意即，修行者不能貪戀樹下坐的好處，比如有樹蔭的遮蔽，感覺非常清涼。真正的修行者，要觀想樹下坐的壞處，像是容易被雨水淋溼，容易被樹上的蟲子、鳥糞沾染衣服。到空地上打坐，月光遍照而明亮，這樣更容易入定。

十二、但坐不臥：

睡眠為「五欲」之一，要想降服睡眠，就得奉持「但坐不臥」的頭陀法。

《佛說十二頭陀經》云：

身四威儀中坐為第一，食易消化，氣息調和。求道者大事未辦，諸煩惱賊常伺其便，不宜安臥；若行、若立，心動難攝，亦不可久。是故應受常坐法。

打坐能讓修行者具足威儀，還能促進消化、調理氣息。修行之人，行走或站立時間久了，不利身體健康，而且心緒亦難以平靜下來。因此，修行者要勤修「但坐不臥」的頭陀法，對於身心的健康和道業的成就，都是大有裨益的。

佛更進一步解釋，十二種頭陀行是要藉事練心，最終能達到「心一處無令散亂」的禪定境界。《佛說十二頭陀經》載：

佛告比丘：汝等念者繫心一處，無令散亂，禪定功德從是得生。一切凡夫以顛倒故，係有我、人、眾生、受命，隨逐假名起諸妄見。從本以來五陰清淨，空無我所，不生不滅，不出不在；非凡夫、非不凡夫，非聖人、非不聖人，離諸名數言語道絕，諸佛不能行、不能到，汝等今者，宜各靜緣諦觀身相。時諸比丘聞佛所說，心生歡欣，即觀此身，皮膚血肉膿爛穢惡，筋骨脈髓肪膏腦膜，目淚洟唾肝膽脾腎，心肺痰癊生熟二藏，小腸大腸大小便利，髮毛爪齒胞垢汙等，三十六物九孔不淨，從外至內、從內至外，推求我相了不可得；精勤不已，遂見色心；念念生滅，如水流燈焰，生無所從來，滅無所至。現在不住，知此五陰從本以來空無所有，滅除諸相證如實智，成阿羅漢，諸菩薩等思惟法已得無生忍，滿足十地。

緣上，「一切凡夫以顛倒故，係有我、人、眾生、受命，隨逐假名起諸妄見。」凡夫因為有天生的命限，所見皆顛倒；明明有真如佛性，凡夫不懂就說沒有；世間上沒有什麼功名富貴，他偏要認真；所以，種種假名、妄見隨之而來。要破除凡夫的妄見，就須靠「禪定」之力。

「念者繫心一處，無令散亂，禪定功德從是得生」一句，就是僧珍禪師所修行的精髓「禪定」。（註四）所謂「通隨定發」，神通必須由禪定力發起。杜順法師日後能神通度人，筆者認為或與「戒律」及「禪定力」之修習有關。

禪定即不昏沉、不散亂、清明觀照的「心一境性」。「心一境性」有三個層次：身（身體）、口（言語）、意（意識思想）三者都要進入專一境界，透過修持工夫讓混亂的思緒平靜下來，達到專注一境。要達到此境地，必須不斷修習，心自然能安定下來。打坐的時候，思緒都寧靜下來，心念專一，自然感覺到達一種清淨的狀態。

透過十二種頭陀行，便可將這種境界變成一種習慣。所謂變成一種習慣，不是說只有打坐時才這樣，而是要做到不論走路也好、睡覺也好、做事也好，「行、住、坐、臥」、時時刻刻都在這個境界中，那才是心一境性。

禪定的特質有兩個：一、安住；二、顯明清晰。「安住」就是使心安定地專注在單純、單一的境界上，不散亂、不攀緣其他境相。「顯明清晰」則是指心所緣的境相清晰明了，心不昏沉。

煩惱的解脫，更是須要定力的支持。解脫煩惱固然要靠智慧，而在斷煩惱的過程中，定力的作用是十分重要的。以智慧照見實相之後，雖然知道煩惱違逆法性實相，但是貪欲、瞋恨心仍然存在；這時，禪定的修習就有助於觀照自己的起心動念，並且立即回到平靜、安祥的定心，就如《佛說十二頭陀經》所云，最終無一時不在定中，智慧安住於無生無滅之理而不退轉，「滿足十地」。

黃犬助修寺，隋帝賞白米

對於僧珍禪師，《續高僧傳．釋杜順傳》尚有一段傳奇的記載：

京室東阜，地號馬頭空，空岸重邃，堪為靈窟。珍草創伊基，勸俗修理，端坐指撝，示其儀則。忽感一犬，不知何來，足白身黃，自然馴擾。徑入窟內，口銜土出，須臾往返，勞而不倦。食則同僧，過中不飲。既有斯異，四遠嚮歸。乃以聞上，隋高重之，日賜米三升，用供常限。乃至龕成，無為而死。今所謂因聖寺是也。順時躬覩斯事，更倍歸依，力助締構，隨便請業。

僧珍禪師最初修持十二頭陀行，住在郊野修行。後來因緣成熟，看到京城東方有一片小高地，地名叫作「馬頭空」，水岸幽深，可以作為修行的靈秀處所，於是便動了開闢佛寺的心意。為了建設佛寺，不免需要信眾協助；他應是依佛法勸說信眾「三施並行」（註五），發心供養護持佛法、營建佛寺，如此可以獲得學佛修行所須的福德資糧。

在破土建寺之際，僧珍指揮佛寺各種營造事宜。在眾人忙著建設之際，不知何處跑來一隻白足的大黃狗，或許是受到佛菩薩的感召，牠很是馴服，就直接進入工地內，挖土之後用嘴含著出來，快速來回；如此應相當勞累，牠卻不曾懈怠。吃飯之際，就跟著出家人一起吃，且過午不食，就與比丘一樣守戒。

這種神異之事，一經宣傳，眾人視之為祥瑞，故四方鄉鄰主動參與建寺工程。此事甚至傳到朝廷，虔信佛教的隋文帝聽聞之後，深受感動，非常重視此事，下令每天賞賜三升白米，以供應建設日常所需用度。等到佛寺竣工，大黃狗突然無疾而逝。這座寺院便是「因聖寺」。

開始營建因聖寺之時，杜順已跟隨僧珍禪師修行；建寺之際，杜順更是親眼見證黃犬神蹟，更加歸依僧珍，也在師父有空時便請教佛法。

【註釋】

註一：「剃度」是佛教出家侶僧剃髮受戒的一種儀式。佛教認為，剃髮出家是接受戒條的一種規定，為度越生死之因。《過去現在因果經》中記載著佛陀在剃髮時說的一段話：「過去諸佛，為成就阿耨多羅三藐三菩提故，捨棄飾好，剃除鬚髮。我今亦當依諸佛法。」佛陀之剃度，或許便是仿效過去諸佛而來。

註二：關於沙彌剃髮儀式，唐代道宣律師所著《四分律刪繁補闕行事鈔．沙彌別行篇》有詳細記載，過程繁複莊重，其中包括：

和尚應生兒想，不得生汙賤心；弟子於師生父想，應為說髮、毛、爪、齒、皮。何以故？有人曾觀此五，今為落髮，即發先業，便得悟道。如羅睺羅，落髮未竟，便得羅漢。如熟癰待刺，蓮華待日。為說法已，向阿闍梨前坐（出《善見論》），以香湯灌頂，讚云：「善哉大丈夫！能了世無常，捨俗趣泥洹，希有難思議。」教禮十方佛竟，行者說偈言：「歸依大世尊，能度三有苦；亦願諸眾生，普入無為樂。」阿闍梨乃為剃髮。旁人為誦出家唄云：「毀形守志節，割愛無所親，棄家弘聖道，願度一切人。」（出《度人經》）與剃髮時，當頂留五三周羅髮，來至和尚前，互跪，和尚問云：「今為汝去頂髮，可不？」答言：「爾。」便為除之。除已，和尚授與袈裟，便頂戴受；受已，還和尚。如是三反，和尚為著之（出《善見論》），說偈言：「大哉解脫服！無相福田衣，披奉如戒行，廣度諸眾生。」……等等。

註三：佛教出家人以三衣一缽為隨身物品，不管雲遊何方，總是三衣一缽不離身。三衣指「僧伽梨、郁多羅僧、安陀會」，總名「袈裟」，為梵語 kāṣāya 之音譯，意為壞色、不正色、染色之意。三衣分別為：

（一）僧伽梨：梵文 Sajghāti，又稱九條衣、大衣、祖衣、重衣、雜碎衣、高勝衣、入王宮聚落衣等，為外出及其他莊嚴儀式時穿著，如入王宮、聚落、乞食及陞座說法時所著，以九條乃至二十五條布所縫製而成。

（二）郁多羅僧：梵文 uttarāsavga，又稱七條衣、上衣、中價衣、入眾衣等，為禮誦、聽講、布薩時所穿著，用七條布縫製而成。

（三）安陀會：梵文 antarvāsa，又稱五條衣、內衣、中宿衣，為日常生活及就寢時所穿，用五條布製成。

註四：「定業」即「禪那」，為梵語 dhyāna 之音譯，又譯為馱那演那、第耶那、持訶那，意譯為思惟修、念修、禪定或靜慮。吳經熊在《禪學的黃金時代》曾解釋禪宗之「禪」與「禪那」的差異：「『禪那』是指一種精神的集中，是指一種有層次的冥想。而（禪宗之）『禪』，以中國祖師所瞭解的，那是只對本體的一種頓悟，或是只對自行的一種參悟。」見吳經熊著、吳怡譯，《禪學的黃金時代》第一章〈禪的起源〉。

註五：《大智度論．卷十一》以「財、法、無畏」三種施為三施。尚有其他解釋如下：

（一）財施：自能持戒，不侵他人財物，又能以己之財施與他人，此為外財施；身體、生命的施捨，叫內財施。

（二）法施：為人說法，令其開悟；或以醫藥、工巧等有益的知識技能教授別人，都稱法施。

（三）無畏施：持戒之人無殺害之心，並能宣說佛法令眾生無畏老病死等苦，即無畏施；能令眾生遠離惡人、猛獸、天災之怖畏，亦是無畏施。

第四章　宣說《華嚴》，贊詠淨土

（杜順）準《華嚴經》義，作〈法界觀文〉，集成已，投巨火中，禱曰：「若契合聖心，令一字無損。」忽感華嚴海會菩薩現身讚歎，後果無燬。

據《法界宗五祖略記》所載，杜順大師於僧珍禪師門下修畢後，應於慶州、清河、驪山、三原、武功等地宣說佛法。

然而，在宣說佛法的過程中，他發現許多百姓仍祭拜神樹、龍廟等所謂「淫祀」，如此對正法而言有所妨害，亦令百姓多造殺業。因此，杜順大師決定先解決民間信仰的陋習。

據道宣《續高僧傳．釋杜順傳》載：

其言教所設，多抑浮詞，顯言正理；神樹鬼廟，見即焚除；巫覡所事，躬為併當（摒擋）。

這段過程也記錄在釋續法《法界宗五祖略記・初祖杜順和尚》。比較二文，文字相似，應是釋續法承上抄錄，再加上了時人對杜順法師的評價。其載：

乃至神樹龍廟，見即燬除；巫覡所事，躬為屏當。世人皆異之，號之為「燉煌菩薩」。

焚除神鬼，屏當巫覡

中國所謂「淫祀」，即是某種薩滿信仰（shamanism）（註一），早於任何有組織的宗教，最早可以追溯至新石器時代，有著「泛靈論」（animism）的色彩——簡而言之，就是「萬物皆有靈」的信仰。

在文明前期，人們對自然現象並無法完全理解，便很容易跟大自然間的萬物產生信仰的連結；例如，打雷、閃電時，看到雷電的威能，便開始想像在雲上應該有一個主宰的神靈，就有了雷神的崇拜。於是，便將萬事萬物一一繫連上管理的神：雲有雲神、河有河神、山有山神等；如此一來，一切的山川、河流、精靈、魑魅魍魎皆成為人們敬拜的對象。在天（神、鬼）人之間，有溝通二者的代言人，並可進行「祭祀」，那就是「巫覡」。（註二）

關於「巫」，許慎《說文解字》云：「祝也。女能事無形，以舞降神者也。象人兩褎舞形，與工同意。古者巫咸初作巫。凡巫之屬皆从巫。」

日本學者白川靜認為，許慎《說文解字》乃是用具有同母音的疊韻字，來解說「巫」為「舞」：

蓋因採巫之所行是持咒具歌舞而祈禱的方法。……巫不僅事於這些自然神的祭祀，且還有如焚巫那樣被當作犧牲。追尋其原因，大概祭祀自然諸神者，在古代是巫的緣故吧？因之，鬼神之事亦多歸屬於巫，謂之「巫風」。（註三）

古巫從事巫術活動，主要的形式即為舞。歌舞是薩滿「入神」的主要手段，在各民族的神話階段中，巫師透過歌舞的形式，主要是為了能進入一種超越的狀態來與神交流。

早在商朝之際，宮庭就設置專業職位「巫先」、「巫祝」，以提供商王政治上、占卜上的建議，例如，征戰、出獵、農稼、祈雨、醫病、仕官等事務。為何會有「淫祀」的祭祀呢？在原始思維和巫術中，古人認為血氣是靈魂所寄；因此，自生物體中流出的血，應具有神祕的力量。故在巫覡所從事的祭祀當中，就要把動物的「血」和「肉」獻給上帝、地神等。

許慎《說文解字》「祭」字：「祭祀也。从示，以手持肉。」「祀」字：「祭無已也，从示巳聲。」（註四）本義是指永久祭祀。祭、祀連稱，從宗教的活動，延伸成為祭品的上貢與上帝的賜福。

張光直於〈商周青銅器上的動物紋樣〉一文中，亦有相同的看法：

當生物體中流出血液時其靈魂亦被釋放，巫師有時是把動物作犧牲，而使之自軀體中昇華出來。巫師們在動物精靈的幫助之下昇到天界或降到地界與神或祖先相會。（註五）

由以上說明可看出，在祭祀之中，「牲禮」是必不可少的元素，故在古藉中就有「犧牲」一詞。

「犧」，許慎《說文解字》：「宗廟之牲也。从牛羲聲。」段玉裁注云：「魯頌：享以騂犧。毛傳：犧、純也。曲禮：天子以犧牛。鄭云：犧、純毛也。牧人，祭祀共其犧牲。鄭云：犧牲、毛羽完具也。偽孔注微子云：色純曰犧，體完曰牷。杜注左傳又云：牷、純色完全也。說犧皆與許異。」《傳》云：「色純白曰犧，體完曰牷，牛羊豕曰牲。」《疏》：「經傳多言三牲，知牲是牛羊豕也。」

「牲」，《說文解字》：「牛完全，从牛生聲。」，段玉裁注云：「引伸為凡畜之偁。周禮庖人注：始養之曰畜，將用之曰牲。按：如鼷鼠食郊牛角，則非完全。」

從上可知，「牲」，從牛從生，本來的含意是指活牲口，如牛、馬、羊、豬等各種牧養的家畜。「六牲」即是「六畜」，指馬、牛、羊、豬、狗、雞六種家畜、家禽，供飼養曰「畜」，供祭祀、盟誓、宴饗曰「牲」。「三牲」是指六牲中的三種牲畜，多是指牛、羊、豬三牲。

關於祭祀，早在先秦就已經非常盛行，《禮記．曲禮下》對於祭祀也有著明確的規定：「天子祭天地，祭四方，祭山川，祭五祀，歲徧；大夫祭五祀，歲徧；士祭其先。」根據權利的不同、祭祀的對象不同，有著嚴格的規定。《禮記．曲禮下》：「天子以犧牛，諸侯以肥牛，大夫以索牛，士以羊豕。支子不祭，祭必告于宗子。」若違反規定，則被視為僭越。

然而，淫祀卻是屢禁不止。《禮記．曲禮》中即有記載：「非其所祭而祭之，名曰淫祀。淫祀無福。」清代孫希旦注稱：

非所祭而祭之，謂非所當祭之鬼而祭之也。淫，過也，或其神不在祀典，如宋襄公祭次睢之社；或越分而祭，如魯季氏之旅泰山，皆淫祀也。淫祀本以求福，不知淫昏之鬼不能福人，而非禮之祭，明神不歆也。

孔子《論語．為政》也曾對於不合禮制的祭祀提出批評：「非其鬼而祭之，諂也。」

從上可知，「淫祀」意指不合適的祭祀或祭祀不在國家祀典當中的神明。其中當然難免有官方的意識形態，只要不是官方所認定的「正統」神祇，就被視為淫祀，就會受到官方打壓，士大夫也會利用輿論加以批評，最終政府甚至會以武力干涉，這在歷史中屢見不鮮。例如——

西漢平帝：「班教化、禁淫祀、放鄭聲。」

東漢第五倫（複姓「第五」、名倫，東漢儒士）：「禁絕淫祀，人皆安之。」

東漢末曹操：「禁斷淫祀，姦宄逃竄，郡界肅然。」
魏文帝詔：「自今其敢設非禮之祭、巫祝之言，皆以執左道論，著於令。」
魏明帝詔：「郡國山川不在祀典者，勿祠。」
晉武帝時詔：「不在祀典，除之。」
北魏明帝：「詔除淫祀，焚諸雜神。」
北周武帝：「禁諸淫祀，禮典所不載者，盡除之。」
南朝宋武帝：「禁淫祀，除諸房廟。」。
其中記載最翔實的，就是唐代杜佑《通典‧淫祀興廢》中記載了各時代的淫祀。其中，漢成帝至漢哀帝期間就記載了淫祀的原因與祭品：

漢成帝立，丞相匡衡等奏：「罷雍鄜、密、上下畤及陳寶祀等。凡六百八十三所，其二百八所應禮，及疑無明文，可奉祠如故。其餘四百七十五所不應禮，或復重，請皆罷。」奏可。本雍舊祠二百三所，惟山川諸星十五所為應禮。杜主祠有五，置其一。高帝所立梁、晉、秦、荊等巫，九天、南山、萊中之屬及孝文渭陽、孝武薄忌太一、三一、黃帝、冥羊、馬行，孝宣三山並諸山、蚩尤等，皆罷之也。

後帝以無繼嗣故，復陳寶等祠。末年頗好鬼神，故多上書言祭祀方術者，皆得待詔。谷永說曰：「臣聞明於天地之性者，不可惑以神怪；知萬物之情者，不可罔以非類。諸背仁義之正道，廣崇無福之祀，皆姦人惑眾，是以聖人絕而不言。伏惟陛下拒絕，無令姦人有窺朝者。」帝善之。

哀帝即位，寢疾，博徵方士，京師諸縣皆有侍祠使者，盡復前代諸神祠，凡七百餘所，一歲三萬七千祠。

平帝末年崇淫祀，自天地六宗以下，凡千七百所，用三牲鳥獸三千餘種；不能備，乃以雞當雁鶩，犬當麋鹿。

由上可知，到了漢成帝之時，祭祀有六百八十三所，其中只有二百零八所是政府認可的，另外的四百七十五所則是淫祀。當時政府覺得太多祭祀，勞民傷財，就大量禁止。三牲的鳥獸多達三千餘種，導致祭品不能全部備齊，只能以雞當雁鶩，犬當麋鹿，可見淫祀之風盛行。

但是，只要是人，一旦遇到人力沒有辦法解決的問題，就容易陷入迷信之中，連身為一國之君的皇帝也不例外，亦會求助於宗教。例如，漢成帝遇到的問題就是沒有子嗣，所以他求助於「陳寶」、「寶雞神」，希望能獲得兒子。

關於「陳寶」的記載，有許多出處。例如，《史記．秦本紀》記載「文公」：

「十九年，得陳寶。」

陳寶是秦文公得到的一塊寶石，被祭祀在陳倉的北阪，後來又與「雞神」合而為一。《史記．封禪書》對這一段有比較詳細的記載：

作鄜畤後九年，文公獲若石雲，於陳倉北阪城祠之。其神或歲不至，或歲數來，來也常以夜，光輝若流星。從東南來集於祠城，則若雄雞，其聲殷雲，野雞夜雊。以一牢祠，命曰「陳寶」。

關於神話傳說，常有二者或多者雜揉為一的現象。從《史記・秦本紀》中的「陳寶」，到《史記・封禪書》的「寶雞神」，二者後來合而為一。唐代司馬貞《史記索隱》注引《列異傳》：

陳倉人得異物以獻之，道遇二童子，云：「此名為媦（按：干寶《搜神記》作『媪』），在地下食死人腦。」媦乃言云：「彼二童子名陳寶，得雄者王，得雌者伯。」逐童子，化為雉。秦穆公大獵，果獲其雌，為立祠。

秦文公得到石雲之後，到了秦穆公之時，陳倉人掘地得到一個非豬非羊的怪物，將獻給秦穆公，路上遇到二童子，說此物名叫「媦」，並建議將其殺掉。「媦」卻反說：這兩個童子叫陳寶，得到雄的就能成王，得到雌的便可稱霸。陳倉人便捨媦而追逐二童子，童子化為雉飛去。陳倉人將此事告知秦穆公；穆公打獵時，果然得到雌者，便因以立祠，名曰陳寶祠。

不管「陳寶」是寶雞或隕石（註六），都是薩滿性質的崇拜。

先秦以降，人們這種祭祀觀念仍沒有太大的改變，唐朝也不例外。吳麗冠《唐代地方官的「移風易俗」——以「淫祠」為例》，就記載了官員祭祀地方祠祀的狀況。（註七）只要有皇帝或官員的支持，就必定引來達官顯貴的效法，誠如孟子所言：「上有所好，下必有甚焉者矣。」

此風一開，民間的土豪劣紳就打著朝廷的命令，發展出來各式各樣的淫祀，甚至是崇祀神明的組織。為了祭祀費用的籌措，傳統上按丁口收費，由信徒卜選頭家爐主負責一年的祭祀，祭祀範圍內分「角頭」輪流祭祀，以分擔祭祀之人力與財力。丁口組織確立參與祭祀者的身分，頭家爐主是社區全體居民的代表，角頭則是輪流制的。

當地原本的祭祀，在土豪劣紳的介入下，費用年年上漲，增加了百姓負擔，愈來愈過度強調祭品的豐盛，使民眾要耗費大量錢貨，鋪張浪費，講排場、擺闊氣，民不堪擾。

舉例言之，宋代黃震（西元一二一三至一二八〇年）所著《黃氏日抄》裡，就記載了廣德張王廟的淫祀事件：

方山則廣德縣管下七百二十餘保，各用一牛，歲用七百二十餘牛。方山既每保用牛，而每保之社廟又各用牛，并其餘非法乞福，因亦用牛一斗大壘，遂至歲殺二千餘牛。

在宋朝，耕牛是禁止宰殺的；但礙於「張王」神明的影響力，當地官府為了不惹出民怨，竟私下違反朝廷禁令，對百姓僭越殺牛的祭祀視之不見，當地竟然一年獻上了七百二十餘頭牛，嚴重影響百姓耕種。

綜而言之，民眾承襲前人的祭祀遺風，供奉樹神、鬼廟，犧牲祭祀，其目的不外是為了避禍、求福。

杜順想用佛法改變民眾的觀念，其宣說佛法時，便批評那些虛無浮誇的言論，明白陳說佛教「正理」；更採取實際行動，看到受祭拜的「樹神」或拜鬼祠廟便即燒毀，並親自去除巫師所供奉的鬼神。

杜順大師當時破除地方神鬼迷信的成效應該相當大，所以當時的百姓才會尊稱其為「燉煌菩薩」。

著〈法界觀門〉，投火中無燬

杜順大師於棲隱終南山時，與《華嚴經》非常相契，便潛心專研《華嚴經》，並寫下了〈法界觀門〉。

據釋續法《法界宗五祖略記》的記載：

（杜順）以華嚴為業。住靜終南山，遂準《華嚴經》義，作〈法界觀文〉，集成已，投巨火中，禱曰：「若契合聖心，令一字無損。」忽感華嚴海會菩薩現身讚歎，後果無燬。

日本學者高峰了州於所著《華嚴思想史》中認為，〈法界觀門〉之思想，乃杜順親自從禪觀中之體會，把握《華嚴經》實踐體驗之流露。〈法界觀門〉一文，以「真空觀」、「理事無礙觀」與「周遍含容觀」等三重觀門為基本構造。

「真空觀」

真空觀門即：

（一）會色歸空（二）明空即色

（三）空色無礙（四）泯絕無礙

「真空觀」便是以這四種觀為內容之般若空觀。是依「理法界」而立，觀宇宙萬物的本性即空。所謂「真空即理」，具體地說，「真空」即不是斷滅空，也不是離色空，而是空與有的統一，是無空相。其調和了「空」與「色」的對立，把色歸於空，達到色空無礙的境界；空色無礙，心境俱融，故名真空觀。

「理事無礙觀」

理事無礙觀門即：

（一）理遍於事（二）事遍於理（三）依理成事（四）事能顯理

（五）以理奪事（六）事能隱理（七）真理即事（八）事法即理

（九）真理非事（十）事法非理

「理」為一真法界之性，「事」乃一切世間之相。此門即觀平等之理性與差別之事法炳然而存，二者能相遍、相成、相害、相即、相非而圓融無礙，為四法界中之「理事無礙法界」。據〈法界觀門〉所舉，於「理事無礙觀」開立十門，即——

（一）理遍於事門：謂能遍之理，其性無分限；所遍之事，則有分位差別。然一一事中，理皆全遍，無不圓足。

（二）事遍於理門：謂理既遍於事，而事亦遍於理；事雖有差別，然理無分限，故一微塵亦周遍法界。

（三）依理成事門：謂緣起之事法無別體，必依理而成立，此即事攬理成。

（四）事能顯理門：謂事虛而理實，事中之理挺然露現，此即理由事顯。

（五）以理奪事門：謂事既攬理而成，遂令事相皆盡，而唯一之真理平等顯現。

（六）事能隱理門：謂真理隨緣而成諸事法，致使事顯而理不現，如諸佛之法身流轉五道而成眾生。

（七）真理即事門：謂真理不在事法之外，理之全體皆是事。

（八）事法即理門：謂緣起之事法必無自性，事之全體即真性。

（九）真理非事門：謂理為事之所依，而非是事；又理絕諸相，真妄有異，故真理非事。

（十）事法非理門：謂事為能依，非是所依；又事有差別，性與理異，故事法非理。

依《佛光大辭典》的解釋，在此十門中，初、二門為「事理相遍」，三、四門為「事理相成」，五、六門為「事理相害」，七、八門為「事理相即」，九、十門為「事理相非」；即觀其義旨雖不同，然逆順自在無障無礙，為同時頓起之同一緣起法。

「周遍含容觀」

周遍含容觀門即：

（一）理如事　（二）事如理　（三）事含理事（四）通局無礙

（五）廣狹無礙（六）遍容無礙（七）攝入無礙（八）交涉無礙

（九）相在無礙（十）普融無礙

此乃「事事無礙」的法門。理法界固然可以超然獨立，理事無礙法界則又融理於事；但若不能消弭萬象之差別，回歸一真明性的無礙圓融，尚不能達到圓滿的境界。因此，「周遍含容觀」是明一至真之理，融遍事事的差別法相，是則一多無礙、大小相含、互攝互容、重重無盡、隱顯自在、神用不測，真可謂入華嚴無盡法界之境，而達致圓滿無礙的境界。

第三周遍含容觀所展開之十門，是明示「事事無礙法界」之觀門，成就華嚴觀法之極成。

杜順寫就〈法界觀門〉之後，為了驗證文章是否契合佛心，他在僧眾前點了一盆烈火，說：「我所寫〈法界觀門〉一文，是否符合《華嚴經》的密意，就請諸佛做見證，以為評判。」說完就把〈法界觀門〉文投到烈火中；可是紙卷竟然完好無損，沒有燒掉一個字，甚至感得華嚴海會菩薩（即《華嚴經》中的與會菩薩眾）現身贊歎。

遊歷郡國，勸念阿彌陀佛

杜順遊歷郡國、於四方弘法時，或許由於當時百姓的教育甚至識字程度有限，佛法並非能讓信眾了然於心，遑論極為深廣的《華嚴經》思想。為廣度有緣，便勸說信眾勤念阿彌陀佛，並著有讚歎淨土的〈五悔文〉。

依釋志磐《佛祖統紀》記載：

師每遊歷郡國勸念阿彌陀佛，著〈五悔文〉贊詠淨土。

為何杜順大師專研《華嚴經》、乃至其弟子以華嚴思想立宗，卻又吸收阿彌陀淨土思想、廣教信眾呢？

中國佛教思想史上，「淨土」觀念早已有之；然而，將「淨土」（註八）此一思想引入中國的，應是姚秦時代的鳩摩羅什法師（西元三四四至四一三年）。鳩摩羅什所翻譯的《維摩詰所說經》以及《佛說阿彌陀經》，便已宣說十方淨土思想。

其中，最為時人所熟知的，當屬北魏曇鸞法師（西元四七六至五四二年）所推崇的阿彌陀佛西方極樂淨土。曇鸞法師在北魏時期，因社會動盪不安，故在北方推廣阿彌陀佛淨土信仰。其弟子道綽（西元五六二至六四五年）與再傳弟子善導（西元六一三至六八一年）開創了淨土宗；後傳至日本，日本淨土宗便將曇鸞尊為淨土宗初祖。

曇鸞為了攝受、接引廣大民眾，他把修習佛教的諸法概括為「二道、二力」說：「二道」就是說修習佛法有二種途徑，與二道相應的便是「二力」。就修習的「二道」而言，一是難行道，二是易行道；就「二力」而言：一是自力，二是他力。

在這個架構基礎上，他宣揚：修習佛法者，若憑藉佛的悲願（即借他力），加上自己的努力（即自力），就可以不用透過出家或艱難的修行，便可相對容易地得到進入極樂世界的路徑，往生後可至西方淨土繼續修行成佛。

借「他力」的「易行道」就是念佛，藉由佛的悲願，佛助自助。此外，他又強調，除念佛之外的其他修學佛法者，皆是依靠個人的力量；個人的力量有限，加上在家者又有社會、家庭、欲求等世俗事物糾纏，自然不容易求得聖果。簡言之，單憑「自力」的修行方法，是既艱苦又難以成功的「難行道」。

曇鸞法師這種主張佛有無邊願力與威神力、強調信眾專心稱念佛號就能往生西方淨土的教義，成為淨土宗立宗明教的根本宗旨。後人便將淨土宗之宗旨歸結為偈頌云：

信受彌陀救度，專稱彌陀佛名；
願生彌陀淨土，廣度十方眾生。

總而言之，淨土宗主張，眾生未得度前，可先借「他力」，只要深信佛的大悲願，即可因信得救；接著再藉由自己誦念佛名、願生阿彌陀淨土，即可自救。這種修習方法，通俗易懂、簡便易行，不論是七歲童子或者是九十老者皆可在家誦佛，自然容易受到社會各階層民眾歡迎與信仰，成為漢傳佛教各宗裡影響最為廣大、久遠的宗派。

至於稱念阿彌陀佛的功德有多大呢？依《佛說陀羅尼集經·阿彌陀佛大思惟經說序分第一》云：

若轉輪王，十萬歲中滿四天下七寶，布施十方諸佛，不如比丘、比丘尼、優婆塞、優婆夷等，一彈指頃座禪，以平等心憐憫一切眾生、念阿彌陀佛功德。即使如轉輪聖王能用三千大千世界七寶供養佛菩薩，所得福德當然很多，但仍然是有量的、有盡的；而稱念阿彌陀佛，卻能讓人種下往生淨土善根，乃至究竟成佛，是無量的、無盡的。

《佛說阿彌陀佛根本祕密神咒經》裡，就強調這種無量無邊、不可思議的功德：

阿彌陀佛名號，具足無量無邊、不可思議、甚深祕密、殊勝微妙、無上功德。所以者何？「阿彌陀」佛三字中，有十方三世一切諸佛，一切諸菩薩、聲聞、阿羅漢，一切諸經、陀羅尼神咒、無量行法。是故，彼佛名號，即是為無上真實至極大乘之法，即是為無上殊勝清淨了義妙行，即是為無上最勝微妙陀羅尼。

舍利弗！若有眾生，聞說阿彌陀佛，不可思議功德，歡喜踴躍、至心稱念，深信不懈，於現在身，受無比樂；或轉貧賤獲得富貴，或得果免宿業所迫病患之苦，或轉短命得壽延長，或怨家變恨，得子孫繁榮，身心安樂，如意滿足。如是功德，不可稱計。

……

舍利弗，於汝意云何，何故（此經）名為「一切諸佛所護念經」？舍利弗，若有善男子、善女人，聞是諸佛所說名及經名者，是諸善男子、善女人皆為一切諸佛共所護念，皆得不退轉於阿耨多羅三藐三菩提。是故，舍利弗汝等皆當信受我語及諸佛所說。

為何稱念阿彌陀佛之功德大到難以置信？因為，阿彌陀佛名號具足無量無邊、不可思議、甚深祕密、殊勝微妙、無上功德。為何如此呢？如《佛說阿彌陀佛根本祕密神咒經》所言，「阿彌陀」三字中，有十方三世一切諸佛、一切諸菩薩、聲聞、阿羅漢，以及一切諸經陀羅尼神咒（註九）、無量行法。所以，阿彌陀佛名號即為無上真實至極大乘之法，即是無上殊勝清淨了義妙行，即是無上最勝微妙陀羅尼。因此有偈曰：

「阿」字十方三世佛，「彌」字一切諸菩薩，
「陀」字八萬諸聖教，三字之中是具足。

簡言之，一句「阿彌陀」是佛王、法王、咒王、功德之王；專念「南無阿彌陀佛」，即是總持總念諸佛、諸菩薩、諸經咒、諸行門；所謂八萬四千法門，六字全收。此淨土修行法門簡易直截，只要口誦「南無阿彌陀佛」，即可總括八教（註一〇）、圓攝五宗（註一一），在人世持誦可令身心安樂，臨終時則可往生西方極樂世界。

唐代善導大師《觀經四帖疏》曾明言：

一切凡夫，不問罪福多少，時節久近，但能上盡百年，下至一日七日，一心

專念彌陀名號，定得往生，必無疑也！

人生在世，短短一生，或富或貧、或貴或賤，最終必將走到生命盡頭，這是每個人所恐懼的，因為不知最終會走到何處？不過，淨土宗告訴世人，依靠著阿彌陀佛的大願力，一切凡夫只要「一心專念彌陀名號，定得往生」，這是佛的保證。故《十往生阿彌陀佛國經》亦有云：

若有眾生，念阿彌陀佛，願往生者，彼佛即遣二十五位菩薩，擁護行者；若行、若坐、若住、若臥、若晝、若夜、一切時、一切處，不令惡鬼惡神得其便也。

只要眾生深信，每日持誦阿彌陀佛，且願往生西方極樂淨土，在臨終之時，佛即會派遣二十五位菩薩隨行護佑，不受惡鬼惡神侵擾，可以順利往生西方極樂世界。

為何「阿彌陀佛淨土」又被稱為「極樂世界」呢？在佛國中眾生，又過著何種生活呢？在《佛說阿彌陀經》中，佛告訴舍利弗：

彼土何故名為極樂？其國眾生，無有眾苦，但受諸樂，故名極樂。

極樂世界，是由阿彌陀佛的願力而構成的功德莊嚴之淨土；在這裡的佛國眾生，沒有眾多煩惱，其快樂是寂靜的；就像是漏盡比丘證入涅槃，得有寂靜無煩惱之樂，故名極樂。

至於極樂淨土的構造，據經所載：

極樂國土，七重欄楯（註一二），七重羅網，七重行樹，皆是四寶周匝圍繞，是故彼國名曰極樂。又，舍利弗，極樂國土，有七寶池，八功德水充滿其中，池底純以金沙布地。四邊階道，金、銀、琉璃、玻璃合成。上有樓閣，亦以金、銀、琉璃、玻璃、車磲（註一三）、赤珠、瑪瑙而嚴飾之。池中蓮花，大如車輪，青色青光、黃色黃光、赤色赤光、白色白光，微妙香潔。舍利弗。極樂國土，成就如是功德莊嚴。

佛國中又有阿彌陀佛所幻化之種種奇妙之鳥——白鶴、孔雀、鸚鵡、舍利、迦陵頻伽（註一四）、共命之鳥（註一五），晝夜六時出和雅音，演暢五根、五力、七菩提分（註一六）、八聖道分（註一七）如是等法，讓佛國的眾生可以聽聞正法，皆悉念佛、念法、念僧。

不過，推崇《華嚴經》的杜順大師為何會勸眾生念佛至「阿彌陀佛西方極樂淨土」，而不是往生「毗盧遮那蓮華藏淨土」？

學者胡建明於〈綜述華嚴宗列祖之彌陀淨土觀——以智儼、法藏、澄觀、宗密為中心〉專文中提出一個頗值深思的觀點，我們或可從華嚴二祖智儼對往生的遺願來逆推杜順的往生淨土思想。

依法藏《華嚴經傳記》記載：

（智儼）告門人曰：吾此幻軀，從緣無性；今當暫往淨方，後遊蓮華藏世界。汝等隨我，亦同此志。俄至十月二十九日夜，神色如常，右脅而臥，終於清淨寺焉。春秋六十七矣。時有業淨方者，其夜聞空中香樂，從西方而來，須臾還返，以為大福德人也。往生之驗，明晨詢問，果知其應也。

胡建明認為，智儼的最終目的仍是往生蓮華藏世界；暫往彌陀西方淨土，只是意在由方便門入，得不退轉，然後出方便門，可直入華嚴一乘，遊心真實法界。因為，從華嚴一乘的立場而言，阿彌陀佛土也屬華嚴世界海所攝，與蓮華藏世界海相即相融；因此，往生極樂之後即可遊於蓮華藏世界。（註一八）

綜上所言，華嚴思想圓融無量法門，杜順大師或許就基於接引眾生信佛之方便，亦採取阿彌陀西方淨土法門弘法。

【註釋】

註一：薩滿信仰最早可追溯至史前時代，分布於北亞、中亞、西藏、北歐和美洲的巫覡宗教。薩滿信仰中的「薩滿」（巫師），被認為是掌握神祕知識、有能力進入「人神」狀態的人，有著預言、治療、與「神靈世界」溝通、以及旅行到神靈世界的能力。例如，漢族的巫與覡、滿族的薩滿、蒙古族的孛額、朝鮮族的巫、藏族的苯等。

註二：早在先秦，就多有巫者的記載。如《山海經．大荒西經》記載：「大荒之中有山名曰豐沮。玉門，日月所入。有靈山，巫咸、巫即、巫盼、巫彭、巫姑、巫真、巫禮、巫抵、巫謝、巫羅十巫，從此升降，百藥爰在。」

註三：白川靜著，加地伸行、范月嬌譯，《中國古代文化》，臺北：文津出版社，一九八三，頁一三八。

註四：「祀」者，可作為動詞，也可作為名詞。當做動詞，指的是祭祀地神、祀灶、祀南北郊等；做名詞時的意思有：祭神的地方、世代、中國商朝對「年」的一種稱呼、向神或神明供奉動物或植物食物、酒類、香燭或珍貴物品、作為祭祀的行為或舉動等意思。

註五：詳參張光直，《中國青銅時代》，臺北：聯經出版事業公司，一九九四年，頁三七四。

註六：這個說法被後來的史書借用，在歷史上主要有以下兩種詮釋——

（一）「陳寶」為「若石」說：

據說「若石」又是由一個小姑娘變成的野雞精所幻化。《晉太康地誌》曰：「秦文公時，陳倉人獵得獸若彘（豕），不知名，牽以獻之。逢二童子。童子曰：此名為『媼』，常在地中食死人腦，即殺之，拍捶其首。『媼』亦語曰：二童子名陳寶，得雄者王，得雌者霸。陳倉人乃逐二童子，化為雉（野雞）；雌上陳倉北阪，為石，秦祠之。」據《晉太康地誌》的說法，「陳寶」是二童子中的女童，因被追逐而化為野雞後，飛到了陳倉城北阪落地，變成了石頭，於秦文公打獵時得到。秦文公視若「寶雞」，為其立祠祭祀。

（二）「陳寶」為「隕石」說：

《史記．封禪書》云：「文公獲若石雲，於陳倉北阪城祠之。其神或歲不至，或歲數來，來也常以夜，光輝若流星。從東南來，集於祠城，則若雄雞，其聲殷雲。野雞夜雊。以一牢祠，命曰陳寶。」

註七：可參閱吳麗冠《唐代地方官的「移風易俗」——以「淫祠」為例》，臺北：政治大學歷史系碩士論文，二〇一三。在第四章、第三節中，敘述了官員祭祀廟祠；第四節中，談到了也有地方官員禁毀淫祠。

註八：淨土，梵語 kṣetra，又可譯為刹、刹土、清淨佛土、佛國、佛刹、淨國、淨界、淨刹，意譯為地方或世界。就佛教思想而言，即是清淨的地方，沒有染汙的莊嚴世界。在大乘佛教中，十方諸佛為了度化有情眾生，以本願力成就「佛土」，或可稱為「佛國」，以容納有緣之有情降生與修行。眾所周知的佛國包括：東方阿閦佛淨土、東方藥師琉璃光如來淨土、彌勒菩薩兜率（內院）淨土、阿彌陀佛西方極樂淨土、《華嚴經》所說的毗盧遮那佛蓮華藏淨土等。

註九：陀羅尼，梵語 dhāraṇī 之音譯，意譯為總持、能持、能遮、遮持。「能持」意謂「持諸善法，不令漏失」；「能遮」為「遮諸惡法，不令得起」，二者合稱遮持，又作「總持」，意思是「持善不失，持惡不生」，又可解釋為「對經典的文字、義理、修行功德，皆悉持守」。

註一〇：「八教」即天台宗思想裡的「化儀四教」與「化法四教」。

「化儀四教」為佛陀教化眾生所採取的形式與儀則，包括——

（一）頓教：佛陀最初將自內證之境界直接教示眾生，相當於《華嚴經》所說法。

（二）漸教：教化之內容由淺而漸深之教法，相當於阿含（初）、方等

（中）、般若（末）三時所說。

（三）祕密教：佛陀應眾生之不同根機能力因材施教，施予個別教化，而彼此互不相知。

（四）不定教：各種根機之眾生雖同坐一席，然隨各人之能力，所體悟之教法各有不同。

「化法四教」為佛陀教化眾生所採用之教法內容，包括「藏、通、別、圓」四者——

（一）三藏教：略稱藏教，即小乘教。

（二）通教：「通」有「通同、通入、共通」等三義。該教法為聲聞、緣覺、菩薩三乘所共通之大乘初門教，故稱通教。

（三）別教：「別」，有「不共」與「歷別」二義，即：「不共」二乘而獨為菩薩說，此點別於其他三教；「歷別」則是由差別面觀察諸法，故稱別教。

（四）圓教：「圓」，意即不偏、圓融、互備。即不論迷悟，在本質上並無區別，此為真實之理，亦為佛所覺悟之理；故圓教旨在顯示佛之所悟，亦即為明示佛陀自內證之教。

註一一：意指大乘之五宗，即天台宗、華嚴宗、法相宗、三論宗、律宗。

註一二：欄楯即闌干，縱曰欄，橫曰楯。古代的佛塔大多有圈繞塔欄楯，欄楯在四方都開了出入口。為了適應右繞佛塔的朝聖習俗，每個出入口都有四根門柱排列成L形的直角，迎接朝聖者進入。

註一三：硨磲是一種大型海產雙殼類物種，因外殼表面有一道道呈放射狀的溝槽，其狀如古代車轍，故稱「車渠」。在佛教典籍裡，與金、銀、琉璃、瑪瑙、珊瑚、琥珀一起被尊為七寶。

註一四：迦陵頻伽為梵語 Kalaviṅka 之音譯，意譯為「妙音鳥」、「好聲鳥」，又稱作「歌羅頻伽鳥」、「羯邏頻迦鳥」、「迦蘭頻伽鳥」、「迦陵毗伽鳥」，外型為人首鳥身，有很長的尾巴，聲音美妙，能頌佛經。

註一五：據《佛本行集經》記載：「我念往昔，久遠世時，於雪山下，有二頭鳥，同共一身，在於彼住。一頭名曰迦嘍嗏鳥，一名優波迦嘍嗏鳥。」是一種同身雙頭的鳥。

註一六：「七菩提分」又名七覺支、七等覺支，為五根、五力（信根、信力；精進根、精進力；念根、念力；定根、定力；慧根、慧力）所顯發的七種覺悟——

（一）擇法菩提分，即以智慧簡擇法的真偽。

（二）精進菩提分，即以勇猛心，力行正法。

（三）喜菩提分，即心得善法，而生歡喜。

（四）輕安菩提分，即除去身心粗重煩惱，而得輕快安樂。

（五）念菩提分，即時刻觀念正法，而令定慧均等。
（六）定菩提分，即心唯一境，而不散亂。
（七）捨菩提分，即捨離一切虛妄的法，而力行正法。

註一七：「八聖道分」，梵語 Ārya aṣṭāṅga mārgaḥ，又譯為八正道、八聖道、八支正道、八支聖道、八聖支道。指佛教徒為修行以證入涅槃的八種方法或途徑，包括：正見、正思惟、正語、正業、正命（謀生方式）、正精進、正念、正定。

註一八：參見胡建明，〈綜述華嚴宗列祖之彌陀淨土觀——以智儼、法藏、澄觀、宗密為中心〉，收入《二〇一四華嚴專宗國際學術研討會論文集・上冊》。

第五章　文殊化身，神異度人

尚未示寂前，一門人來辭曰：「往五臺禮文殊。」尚微笑，說頌曰：「遊子漫波波，臺山禮土坡；文殊祇這是，何處覓彌陀。」

華嚴五祖宗密禪師於《注華嚴法界觀門》道：

京終南山釋杜順集。姓杜，名杜順。唐初時行化，神異極多。傳中有證，驗知是文殊菩薩應現身也。

傳說杜順大師為文殊菩薩的應化身（註一），故在其傳教弘法的過程中，留下頗多關於其神通（註二）事蹟的記載。

神通非究竟，慈悲方能顯

神通在原始佛教思想中占有一定的地位，《阿含經》中即記載許多比丘、比丘尼修習與示現神通的事蹟。如《雜阿含經．卷十八》中云：

是故比丘，禪思得神通力，自在如意，為種種物悉成不異。比丘當知，比丘禪思，神通境界不可思議。是故比丘，當勤禪思，學諸神通。

佛陀弟子大目犍連便被譽為「神通第一」。不過，示現神通往往會驚世駭俗，反而令眾生不安或生疑；因此，據戒律典籍《四分律》記載，某次賓頭盧尊者運用神通而令見者大為驚恐後，被佛陀責備，並禁止弟子於在家眾面前展現神通：

世尊無數方便呵責賓頭盧：汝所為非，非威儀、非沙門法、非淨行、非隨順行，所不應為。云何於白衣前現神足？猶如婬女為半錢故於眾人前自現，汝亦如是，為弊木缽故，於白衣前現神足。不應於白衣前現神足，若現突吉羅。

前文之「白衣」，指的是非出家眾的一般百姓；「突吉羅」，為梵語duskrta之音譯，為戒律之罪名，意指惡作、惡語等輕罪。

此外，神通亦有未證道之「不究竟」的危險，甚至會墮入地獄。如《寶藏論》云：

> ……神通，計有五：一天眼、二天耳、三他心、四宿命、五神足、六漏盡通。此雖名通，有究竟、不究竟二種。無道者，不究竟，終必退轉，並有危險，顛狂成魔，墮大地獄。

簡言之，佛最初並沒有禁止弟子使用神通，他自己也有展現神通之時；只是，使用神通的前提要具備智慧正見，並且避免耽溺於五通，最重要的是修習阿羅漢證入涅槃之漏盡通。

即令佛陀已立下禁止出家眾在一般民眾前顯現神通的戒律；不過，基於慈悲心而現神通還是被允許的。例如，《摩訶僧祇律》中記載，畢陵伽婆蹉比丘顯神通助牧牛女；《根本說一切有部毗奈耶》中，有大目犍連以神通拯救給孤獨長者之子等例，皆被佛陀判為無罪。

痊復聾啞，餘膿發香

古時，不論印度、西域或中國高僧，皆有以神通力度化眾生之例，像是前文曾提過的高僧佛圖澄，以神通降服國主、造福百姓，便是著名例子。而「神異僧」的神通力，往往會透過口耳相傳而讓百姓皆知；雖然不知是否必然靈驗，但抱著「試試看」心態的人亦不少。因此，在正規醫術束手無策時，神異僧的神蹟便成為病苦眾生唯一的希望。

道宣《續高僧傳》有載：

> 三原縣民田薩埵者，生來患聾；又張蘇者，亦患生啞。順聞，命來與共言議，遂如常日，永即痊復。

三原縣民田薩埵天生耳聾，還有一位天生瘖啞者名為張蘇。杜順大師聽說他們的事情後，便請他們前來，只是跟他們說說話，田薩埵、張蘇兩人竟然便開始和杜順大師對話起來，就好似本來就是正常人一般，聾、啞就這麼痊癒了。

另外，道宣《續高僧傳》又記載另一件神異之事：

> 順時患腫，膿潰外流；人有敬而唼者，或有以帛拭者，尋即瘥愈。餘膿發香，流氣難比；拭帛猶在，香氣不歇。

有一次，杜順大師罹患癰疽，膿包潰破，膿液外流。有人因敬重大師，而用嘴為大師吸去膿液，也有人用布帛擦拭傷口，腫疽竟然就痊癒了。奇特的是，殘餘的膿液發出香味，並非一般的香氣可以比擬；就連擦拭過膿液的布帛，仍散發著芳香的氣味。

道履置市，三日不失

有一次，或許是福至心靈，杜順大師將一雙鞋就這麼放在市集門前；過了三天，竟然沒被路過的行人取走。

眾人知道這件事之後，都覺得很神奇，便向杜順大師請教這是什麼緣故？杜順大師回答：「我從無量劫來，未曾偷盜他人一分一毫；所謂報應不爽，所以我的東西也不會被他人偷盜。」

盜賊們聽聞杜順大師的現身說法，領悟「報應」真實存在，便幡然悔悟、痛改前非。

釋續法《法界宗五祖略記》記載此事云：

偶將道履一輛，置於市門，三日不失。人問其故，尚曰：「吾從無量劫來，不盜他人一錢，報應如是。」為盜者聞之，悉悔心易過。

所謂「報應」，就印度或佛教思想而言，稱之為「業」，梵語為karma，音譯為羯摩或羯磨。身體行動造的業叫「身業」，說話造的業叫「口業」，諸般思想則成「意業」；從善惡的角度來看，善念、善言、善事造的業為「善業」，惡念、惡言、惡事造的業則是「惡業」，無意識之間所造的業稱「無記業」。這些行為在未來會形成結果，也就是業報或果報；所謂「善有善報，惡有惡報」，業與報之間有一定的因果法則，亦是輪迴的原因。

在佛教，有所謂「十善業」與「十惡業」的說法，分別屬於身、口、意三方面，「十惡業」分別為——

身三惡業：殺生、偷盜、邪淫

口四惡業：妄語、兩舌、惡口、綺語

意三惡業：貪欲、瞋恚、邪見

至於身、口、意之十善業，便是不做身、口、意之諸般惡業。

杜順大師在此雖非展現神通，卻善巧地以其宿世善業，讓眾人深刻體會「欲知前世因，今生受者是；欲知未來果，今生作者是」的道理。當然，大師了知自身「無量劫」以來之因果，也算是宿命通的展現了。

端坐祛淫邪，安禪制毒龍

據道宣法師《續高僧傳》載：

武功縣僧，毒龍所魅；眾以投之，順端拱對坐。龍遂託病僧言曰：「禪師既來，義無久住，極相勞嬈。」尋即釋然。故使遠近瘴癘淫邪所惱者，無不投造。順不施餘術，但坐而對之。識者謂有陰德所感，故幽靈偏敬。

在陝西武功縣有一位僧人為毒龍所纏，無人能救治，眾人便將其帶來見杜順大師。

只見杜順大師就這麼端正坐著、面對眼前的病僧。或許是因為大師禪定的威神力，毒龍便藉著病僧的口說話了：禪師既然在此，我就不應繼續在此糾纏了。」就此遁走，病僧也因此康復。

之後，杜順大師因此遠近馳名，被怪病或外邪所滋擾的人，皆前往拜訪。面對前來的求助者，杜順大師只是坐著，並未施展什麼神通，病人便得以痊癒。某些對佛法有所了解的人認為，應是大師累世的功德感應，所以鬼神特別敬重。

或許我們也可以如此思惟：杜順大師降伏的並不是真正的毒龍，而是病僧心中的雜念與私欲；當病僧被大師或諸佛功德照耀之際，內心隨之安定下來、不起波瀾，世俗間一切功名利祿、生死煩惱之假相當下幻滅，如《大乘本生心地觀經卷·第四》所言：

如是眾苦非無所因，大小煩惱而為根本；一切財寶追求而得，若無先因不可追求，假使追求亦無所獲。

心中毒龍被伏，病僧自能當下病癒。

慈善伏牛馬，至德驅蟲蟻

不只是人，佛法實能廣被眾生。

有一次，有張河江、張弘暢二人，聽聞杜順大師法力無邊，便向大師求助。

道宣《續高僧傳》載：

嘗有張河江、張弘暢者，家畜牛馬，性本弊惡，人皆患之，賣無取者。順示語慈善，如有聞從，自後更無觝嚙。其道發異類，為如此也。

二人家中畜養的牛、馬，天性惡劣、難以馴服，大家都因此困惱；因為性情頑劣，所以沒有人願意買。杜順大師只是慈祥和善地對牠們說話，這些牛、馬就好像是聽懂了一般，變得溫馴順從，再也不會隨便觸撞啃咬。這也應該是大師善業功德所致，故令眾生順服。

又有一次，杜順大師帶領弟子前往驪山，夏中棲靜，此又稱為「夏結安居」。這個習俗是從印度佛教而來。每年六至九月，由西南季風帶來降雨；在印度雨季期間，出家人停止雲遊三個月，安住在一固定住所精進修行；在這期間，為了不傷害生物，僧侶不允許隨意外出。此制稱為「結夏安居」。中國佛教最早的「夏結安居」制度，可追溯至姚秦時期。杜順大師為了實踐佛陀戒律，就帶領弟子來到驪山棲修。

道宣《續高僧傳》載：

常引眾驪山，夏中栖靜。地多虫蟻，無因種菜；順恐有損害，就地示之，令虫移徙。不久往視，如其分齊，恰無虫焉。

僧眾棲修大約三個月，此時僧團成員要聚會在一起，一同誦戒，糾正彼此的行為，同時分享修行心得。或許因為要居住一段時間，眾僧得自給自足，所以弟子們便開墾土地種菜。

開始要種菜的時候，弟子們發現種菜的地方有許多蟲蟻；他們擔心傷害了蟲蟻生命，就停下工作，並向杜順大師回報。

杜順大師知道之後，來到現場，「就地示之」——應是將土地做了某些區隔後，然後告訴蟲蟻們，請牠們移到弟子不種菜的地方。沒過多久，真的如大師所區隔的，開墾種菜的土地便再無蟲蟻。

齋主請僧心平等，五百貧人化羅漢

有一次，杜順大師來到慶州（今甘肅省慶陽縣）弘化。有一齋主聽聞杜順弘法事蹟，便發心供養；並舉辦法會，邀請五百位僧眾到府同受供養。只是到了法會當天，竟然來了一千位！

道宣《續高僧傳》云：

末行化慶州，勸民設會，供限五百；及臨齋食，更倍人來，供主懼焉。順曰：「無所畏也，但通周給而莫委供所，由來千人皆足。」

為何想供養眾多僧眾呢？在佛法薰陶之下，齋主或已深知供養僧寶是種福田的方法之一。僧寶是無上福田，能成為一切世間供養、布施、修福之處；能使施者因之遠離煩惱，去除心縛，得清淨心。所以，齋僧之果報無量，功德不可思議。

關於供養三寶的功德，《佛說布施經》曾有記載：佛在舍衛國祇樹給孤獨園，與大苾芻（梵語 bhikṣu 之音譯，即為「比丘」，乃男子出家受具足戒者的通稱）等說「布施法」。此時，舍衛國王向佛請教：「世尊！我等云何而行布施？」因為，舍衛王並非比丘，但也想布施。佛陀便告訴舍衛王可以善行、飲食、音樂、湯藥、住處等事物布施，並勸他供養僧眾，可得五種利益：

大王！若以上妙飲食供養三寶，得五種利益：身相端嚴、氣力增盛、壽命延長、快樂安隱、成就辯才。如是南贍部洲一切眾生、父母、妻子、男女眷屬，如上布施，隨願所求，無不圓滿。

透過食齋的清淨供養，當下遠離煩惱，除心束縛，得清淨心；也透過布施善心的連結，生生世世與三寶結清淨善緣，功德無量無邊，因此言齋僧功德殊勝難議。

而依釋續法《法界宗五祖略記》，則記載供養前後的神異情形：

行化慶州，齋主請僧。止三百眾，忽有五百貧人，相隨赴應，主慮供不備。尚曰：「但心平等，無有不辦。」齋畢，五百人化為羅漢，駕雲而去。

不同於《續高僧傳》的「供限五百」，這裡則是記載原本是邀請三百位僧眾。齋主發了布施善心，供養三百僧眾。沒想到，除了原先邀請的佛門僧眾外，忽然出現五百位窮人一起過來齋僧之會。

看到比僧眾還多的貧者，齋主是「慮供不備」，倒還未生比較、惱怒之念。杜順大師便向齋主說：「只要心存平等，沒有不能辦成的事。」

文後雖只有「齋畢」二字，但想必三百僧眾及五百貧者皆得飽餐（如《續高僧傳》所云「千人皆足」）。這或許又是大師之神通，也可能是齋主之誠心、平等心感動諸佛菩薩。神奇的是，在受供完畢之後，五百位貧人竟然化為阿羅漢，飛升而去。（註三）

黃渠斷流，安步度岸

有一次，杜順大師領著徒眾，準備從終南山向南弘法。當時正值雨季，路經黃渠（自終南山義谷〔今秦嶺大峪〕，經鮑陂北入曲江），看著滾滾泥水不斷奔流；若要強行涉水過去，恐怕會站立不穩，被湍水沖走，隨行的弟子與徒眾皆十分驚懼。道宣《續高僧傳》載：

因行南野，將度黃渠，其水汎溢，厲涉而度；岸既峻滑，雖登還墮。水忽斷流，便隨陸而度；及順上岸，水尋還復。門徒目覩，而不測其然也。所以感通幽顯，聲聞朝野。

只見大師來到黃渠岸邊時，湍急滿溢的河水竟忽然像是被截斷似的、不再湍流，大師便帶著弟子過河上岸；等到眾人登上彼岸，河水又恢復原狀。對於所看到的現象，弟子們都不知為何如此。

聽聞杜順大師眾人橫渡黃渠的神蹟，或認為是大師的功德感通天地，經百姓口耳相傳，大師在朝野的名聲更為顯揚。

冤親債主，化解宿怨

某次，杜順大師來到某處托缽乞食、接受供養時，一位齋主抱著兒子前來，希望大師為其消災延壽；但是，杜順卻看出了此孩子和父母有一段惡緣。(註四)

據釋續法《法界宗五祖略記》載：

時分衛（乞食）應供，齋主抱兒，乞消災延壽之記。尚熟視曰：「此汝冤家也，當與之懺悔。」齋畢，令抱至河邊，尚拋之入水，夫婦拊膺號呌。尚曰：「汝兒猶在。」即以手指之，其兒化為六尺丈夫，立於波間，瞋責之曰：「汝前生取我金帛，殺我推溺水中！不因菩薩與我解怨，誓不相赦。」夫婦默然信服。

杜順大師對孩子仔細觀察之後說：「他其實是你前世的冤家，你們夫婦應該對他悔謝罪過以求諒解。」此時，齋主夫婦應該還不明所以吧？

用齋完畢，大師請齋主把兒子抱到河邊；大師接過孩子，竟然將把小孩丟進水中！齋主夫婦一看之後，著急得搥胸頓足、嚎啕大哭。

大師便對他們說：「你們的兒子還活著！」然後用手指向河面，小孩剎那間化為六尺高的大人，站在水波之上，並且怒斥齋主夫婦：「你們前生為了奪取我的金帛財物，竟將我推入水中溺死！若不是因為菩薩為我解怨，我絕對不會原諒你們！」

齋主夫婦或許是一時驚呆吧，沉默著不知該說什麼，卻也因此由衷信服杜順大師的感通化導。

建言大赦愈帝疾，太宗賜號「帝心」

唐太宗在位時（西元六二六至六四九年在位），至各地弘法的杜順大師，盛名漸漸流傳各地，連遠在廟堂之上的唐太宗都久仰其名，遂下詔書邀請至宮中供養。

此事記載於釋續法《法界宗五祖略記》中，云：

唐太宗仰慕神德，詔請入內。帝見親迎，問曰：「朕苦寒熱，久而不愈；師之神力，何以蠲除？」

尚曰：「聖德御宇，微恙何憂；但頒大赦，聖躬自安。」上從之，疾遂瘳，因賜號曰「帝心」。宮庭內外，禮事如佛。

杜順大師進宮之後，唐太宗親自接見，並隨即詢問：「大師，朕這段日子一直苦於忽冷忽熱的病症，時日已久而無法治癒；不知以大師之神通力，能否除病？」

大師便向太宗說：「您身為皇帝，聖德之至、統帥宇內，何必憂煩這種小病？只要您『大赦』天下，病症就會好了。」所謂「大赦」，即大釋獄囚；赦放的多是老弱病殘、棄惡從善的囚徒，藉此彰顯國君之仁厚。

唐太宗恭敬地按照大師的教示行事，大赦天下。說也奇怪，寒熱之疾便漸漸好轉，果然痊癒。於是，唐太宗特別賜大師號為「帝心」——意謂深得帝王之心，或是帝王衷心感佩之意。宮庭內外，自是恭敬杜順大師、帝心尊者，宛如佛陀再世。

《續高僧傳》又載：

今上奉其德，仰其神，引入內禁，隆禮崇敬。儲宮、王族、懿戚、重臣，戒約是投，無爽歸禁。

唐太宗尊奉他的德行、仰慕他的神通，敬邀杜順大師入宮，隆重地向其禮敬。儲宮（太子李承乾）、宗室、皇親國戚與地位崇高的大臣，都皈依大師受戒，並謹遵戒律。

文殊化身，肉身不壞

據釋續法《法界宗五祖略記．初祖杜順和尚》載：

尚未示寂前，一門人來辭曰：「往五臺禮文殊。」尚微笑，說頌曰：「遊子漫波波，臺山禮土坡；文殊祗這是，何處覓彌陀。」彼不喻而去。

方抵山麓，遇老人曰：「子來何為？」曰：「禮文殊來。」曰：「大士已往長安，教化眾生去也。」曰：「誰為是？」曰：「杜順和尚也。」僧聳然失聲曰：「是我師也。」奄忽中，老人乃失。兼程而歸，適滻水瀑漲，三日方濟。到時，尚已前一日化去矣。以此驗知是文殊應身也。

杜順大師入寂之前，有一門人來辭行，說要前往五臺山朝拜文殊菩薩道場。（註五）大師聽了，只是微笑著准假，並贈他一首偈頌：「遊子漫波波，臺山禮土坡；文殊祇這是，何處覓彌陀？」弟子不解其義，沒有多想背後意涵，便動身前往五臺山。

來到山麓旁，他遇見一位老者。老者問他：「為什麼來這裡？」

弟子回答：「我來禮拜文殊菩薩。」

老者說：「文殊大士已去長安教化眾生了！」

弟子問：「是誰呢？」

老者答：「就是杜順和尚。」

弟子驚訝地說：「正是我的師父啊！」

才說完，老者就消失得無蹤影。

弟子立即兼程返回，途中卻遇上河水暴漲，苦等三日方才渡過。回到長安南郊義善寺時，大師已於前一日圓寂了。弟子大概是將自身朝聖文殊道場的來龍去脈向眾弟子陳述，大家才知道原來杜順大師是文殊菩薩的應化身。

除了前述宗密《注華嚴法界觀門》之外，澄觀《華嚴經隨疏演義鈔》亦記載杜順就是文殊菩薩的應化身：

> 因詣南山，屬黃渠泛溢，止之斷流，徐步而過。將終之日，普會有緣，聲色不渝。言終而逝，葬在樊川北原。今全身塔，在長安南華嚴寺。事蹟頗多，別傳云是文殊化身。

文殊菩薩，梵語 Mañjuśrī，意譯為「妙吉祥」、「妙樂」，又稱文殊師利菩薩、曼殊室利菩薩、聞隨師離菩薩。文殊菩薩在佛教中是智慧的象徵，教法注重一切般若、第一義諦，被稱智慧第一，居菩薩之首，故亦被尊稱「法王子」。在漢傳佛教造像中，文殊作為脅侍位於釋迦佛的左側，與釋迦牟尼佛、普賢菩薩並稱為「華嚴三聖」。

《聖無動尊大威怒王祕密陀羅尼經》云：「妙吉祥菩薩，是三世覺母。」據佛教經典，文殊菩薩被視為三世古佛、七佛之師，其於無量阿僧祇劫前早已成佛，是空寂世界的「大身如來」、平等世界的「龍種上如來」，現在世為「歡喜藏摩尼寶積如來」。在燃燈佛將成佛時，倒駕慈航為「妙光菩薩」，為燃燈佛說法；如今化現為文殊菩薩，協助釋迦牟尼佛度化眾生。

或許是因為透露了某些訊息，杜順大師便隨因緣示寂。貞觀十四年十一月十五日，據《續高僧傳》所記，「都無疾苦」的大師告囑弟子：「生來行法，令使承用。」期許弟子，要把他生前所行的法繼續傳承與實踐。說完之後，就像是平常一樣打坐入定，在義善寺逝世，享壽八十又四歲。

又，據《續高僧傳》記載：

因即坐送於樊川之北原，鑿穴處之；京邑同嗟，制服亙野。肉色不變，經月逾鮮；安坐三週，枯骸不散；自終至今，恆有異香流氣尸所。學侶等恐有外侵，乃藏於龕內，四眾良辰赴供彌滿。

杜順大師入寂後葬於樊川的北原，官員百姓同悲，許多人自願穿上喪服，以禮敬大師。大師遺體的顏色不變，過了一個月竟然更加鮮潤；過了三周，身體不曾散壞；從過世之後，常有奇異香氣流布遺體停放之處。大師的弟子們擔心會有外物侵擾，便將遺體封藏在石龕中，四眾弟子皆在吉日前往供養。

大師雖入寂，其德行及對《華嚴經》之宣揚卻影響深遠，流傳至今、遠播日、韓。這部分將於「影響」單元中略述。

【註釋】

註一：關於杜順大師被視為文殊菩薩之應化身，可參見姚崇新〈觀音與神僧：觀音化身問題再考察〉，收錄於氏著《觀音與神僧：中古宗教藝術與西域史論》，北京：商務印書館，二〇一九。

註二：神通，又譯為神力、通力，即「三明六通」中的「通」，指因禪定力而得到某種超凡的能力。在佛經分類中主要分為六種：

（一）神足通：又稱「如意通」或「神境通」，指的是能於世間中飛行自在、變化自在的神通。

（二）天耳通：能聽極遠方音聲，亦能越過障礙物聽到聲音。

（三）天眼通：能見極遠方事物，亦能透視各種障礙。

（四）他心通：能知眾生心念造作。

（五）宿命通：能知眾生的過去宿業，知道現時或未來受報的來由。

（六）漏盡通：指的是斷惑究竟後所得之神通。「漏」即煩惱；能破除執著煩惱，脫離輪迴，意指修行證阿羅漢果。可參《大薩遮尼乾子所說經》、《楞嚴經》中的記載。

註三：這或許是來自賓頭盧尊者（梵語 Piṇḍola Bhāradvāja）的傳說。賓頭盧尊者於佛陀弟子中被譽為「獅子吼第一」與「福田第一」。據《賓頭盧突羅闍為優陀延王說法經》所記載，賓頭盧尊者因顯露神通犯戒，佛陀不許他入涅槃，必須永住世間弘揚佛法、度化眾生。佛陀讓賓頭盧住世期間可廣受供養，只要有人請「千僧齋」，尊者便會出席應供；百姓還可以依供養法請尊者到家中享用食物和澡浴等供養，是末法時代的大福田。

註四：所謂的惡緣，常因所謂的「冤親債主」而產生。冤親債主或作冤家債主、怨家債主，本指現實生活中結怨、虧欠的對象，後來指在歷劫輪迴中，與其有仇怨、有虧欠的眾生「冤親債主」。清代之《淨土極信錄》有云：「無始以來之經生父母師長及冤親債主等靈，為其作大佛事，修諸功德。」「冤親」作為救度、超度對象的用法，大約出現在宋朝以後。如宋代王日休（字龍舒）所著《龍舒增廣淨土文》：「盡度脫前生今世一切所殺之眾生及一切冤親。」

註五：漢傳佛教有「四大菩薩道場」之說：

浙江普陀山是「大悲」觀世音菩薩道場（位於今浙江省舟山市普陀區）

山西五臺山是「大智」文殊菩薩道場（位於今山西省忻州市五臺縣）

四川峨嵋山是「大行」普賢菩薩道場（位於今四川省樂山市峨眉山市）

安徽九華山為「大願」地藏菩薩道場（位於今安徽省池州市青陽縣）

四大道場中，五臺山的佛寺建築最為雄偉、密集，包括漢傳佛教與藏傳佛教建築，佛像雕塑的建造也最為精美，被視為四大佛山之首。

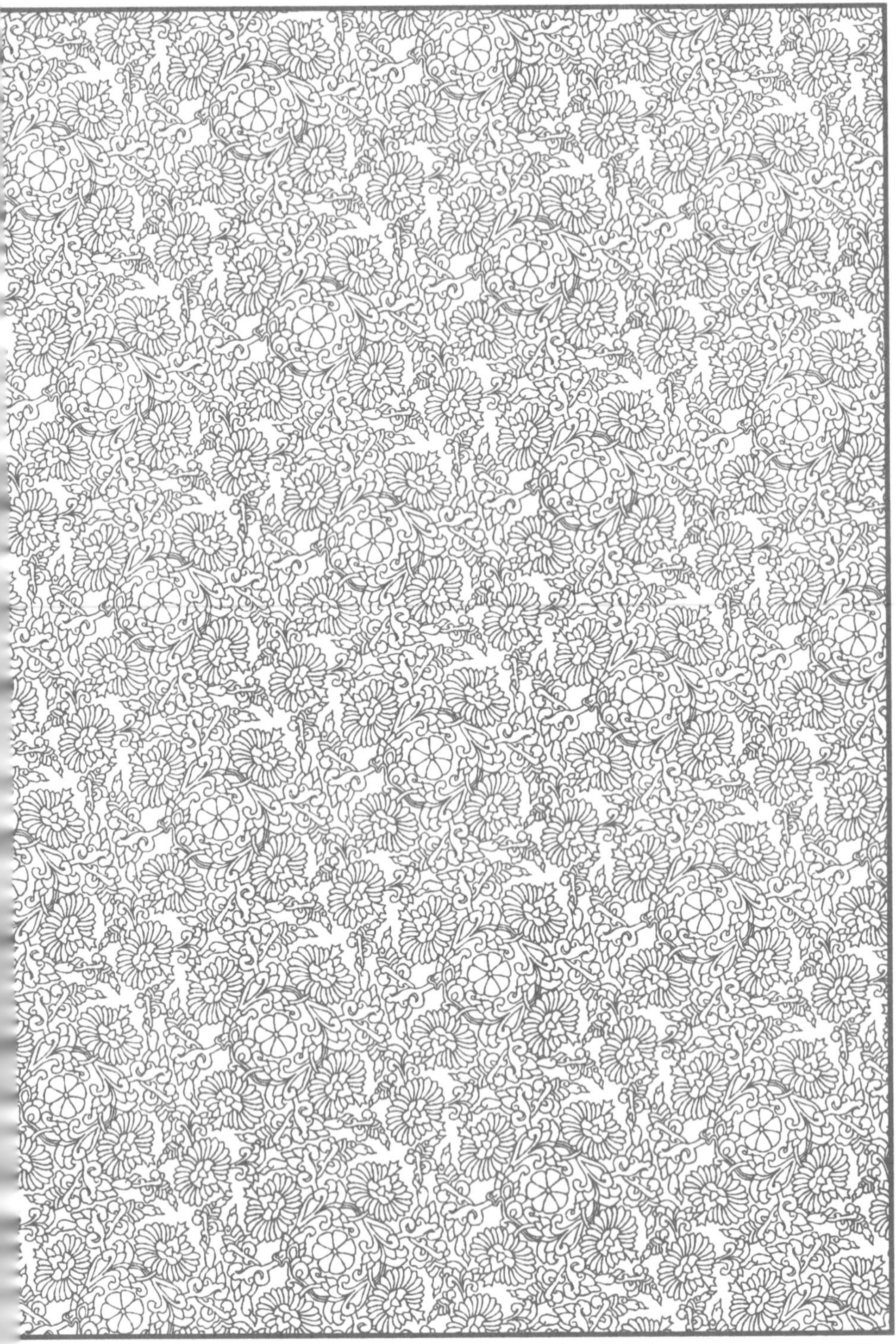

影響

壹・華嚴宗二祖至五祖

蓋佛以心法傳於諸祖，諸祖以心法弘於法界，盡未來際，化化不絕，其道蹟可無徵乎？無徵，人不信矣，又何從而倣傚之，豈不有忝於佛祖也哉！

宋朝時，長水子璿、晉水淨源等人重新編排了法脈，確立了「五祖」的說法：杜順大師為初祖，雲華智儼大師為二祖，賢首法藏大師為三祖，清涼澄觀大師為四祖，圭峰宗密禪師為五祖，後人皆遵循此說。以下，便依此說略述二祖至五祖。

華嚴二祖——雲華智儼

智儼大師（西元六〇二至六六八年），生於隋文帝仁壽二年，俗姓趙，天水人（今甘肅天水），別號至相大師、雲華尊者。其父為申州參軍趙景。孩童時代喜歡堆石成塔、串花成蓋，自己就當起法師，並叫一起玩耍的同伴做他的聽眾，為他們說法。

關於智儼出家的因緣，據《華嚴經傳記．卷三．智儼傳》所載：

年十二，有神僧杜順，無何而入其舍，撫儼頂謂景曰：「此我兒，可還我來。」父母知其有道，欣然不吝。順即以儼付上足（首座弟子）達法師，令其訓誨，曉夜誦持，曾無再問。後屬二梵僧來游至相，見儼精爽非常，遂授以梵本，不日便熟。梵僧謂諸僧曰：「此童子當為弘法之匠也，年甫十四，即預緇衣。」

《法界宗五祖略記》則云：「時弟子中，唯智儼獨得其奧。」

十二歲時，杜順上門度化，見智儼深具佛緣，知其為法器，乃請求趙景夫婦帶走智儼出家，父母欣然應允。智儼於是跟隨杜順至終南山至相寺，其後跟隨師兄有達法師悉心學習佛法，又曾隨梵僧學習梵文。十四出家，並受出家戒（註一），二十歲受具足戒（註二）。

曾親近法常法師，聽講《攝大乘論》，又到處參學，遍聽《四分》、《八犍陀》、《成實》、《十地》、《菩薩地持經》、《涅槃》等經律論。後從學於靜琳、智正法師學習《華嚴經》。

據法藏《華嚴經傳記》中所記，智儼的學問方向，原本是由《攝論》起家的，經具足戒之後研學的經論才日漸淵博。之所以專攻《華嚴》，乃是在深研諸佛經之後有特別的因緣：

法門繁曠，智海沖水深，方駕司南，未知何厝。乃至於經藏前，禮而自立誓，信手取之，得《華嚴》第一。

智儼便因禮佛祈求之因緣而深入《華嚴經》。二十七歲作《華嚴經疏》五卷，也就是有名的《華嚴經搜玄記》，成一宗之規模。

法師一生以著述弘法，教育徒眾為職志，尚有《華嚴一乘十玄門》等其他著作近二十餘種傳世。

唐高宗總章元年時，法師預知往生之時，便對門人說：

> 吾此幻軀，從緣無性，今當暫往淨方，後遊蓮華藏世界；汝等隨我，亦同此志。

到十月二十九日晚上，法師圓寂於清淨寺，世壽六十七。後世尊為華嚴宗第二祖。

其主要思想包括建立「五教判」以及「十玄門」思想之發揮。智儼之教判思想分不同階段，最後於《孔目章》中提出「小、初（始）、熟（終）、頓、圓（一乘）」的五教判，如〈天王讚佛偈初首「顯教分齊」義〉云：

> 依教有五位差別不同。一依「小乘」。……二……「初教」位中義，當即名義即空教也。三……此當「熟教」位中即性實成有之義，非是所謂有也。

四……義當在「頓教」位中，一實三昧說也。五……當在「圓教」位中見聞處說。

關於華嚴宗之五教分判，將於下一章中說明。

此外，智儼大師的「十玄門」思想，相對於弟子法藏大師之十玄門思想，稱之為「古十玄」，其名稱與意涵將於下一章說明。

弟子聞名者有：法藏、懷齊、義相（湘）、慧曉、薄塵、道成法師等多人。其中，法藏大師為華嚴三祖；義相大師於新羅弘揚大法，被推舉為韓國華嚴宗初祖。

主要著作包括：

《大方廣佛華嚴經搜玄分齊通智方軌》（搜玄記）十卷

《華嚴經內章門等雜孔目》（孔目章）四卷

《華嚴五十要問答》二卷

《華嚴一乘十玄門》一卷

《金剛般若波羅蜜經略疏》二卷

華嚴三祖──賢首法藏

法藏大師（西元六四三至七一二年），出生於唐太宗貞觀十七年，先祖為康居人（位於今烏茲別克．撒馬爾罕之昭武九姓〔九姓胡〕宗主國康國的代稱），俗姓便以祖籍取為康氏，名字為法藏，出生於長安。世稱康藏國師、賢首國師、國一法師、香象大師。

十六歲時，曾經在陝西法門寺阿育王舍利塔前，燃燒一指，以表示對佛教奉獻的虔誠。

十七歲入太白山求法。聽了智儼大師在雲華寺講授《華嚴經》，提出個人見解，對本經之觀點獨具隻眼，為智儼所讚賞，並收為門徒，就歸投在智儼門下修持，並得其嫡傳。

唐高宗總章元年（西元六六八年），二十六歲的法藏尚未出家。智儼在圓寂前付囑弟子道成、薄塵，謂法藏將來要紹隆遺法，希望能在合乎朝廷制度、因緣具足下為他剃度出家。二祖對弟子法藏之重視由此可見一斑。

唐高宗咸亨元年（西元六七〇年），榮國夫人楊氏死，武后施宅為太原寺，度僧以樹福田。於是同學道成、薄塵及京城其他大德連狀薦舉，度他為僧，得受沙彌戒。先後於太原寺、雲華寺講《華嚴經》，聲名遠播；武后便命京城十大德為授具足戒，並賜以「賢首」之名，人稱「賢首國師」，華嚴宗也因此或稱為「賢首宗」。

武則天證聖元年（西元六九五年），于闐沙門實叉難陀在洛陽大遍空寺重譯《華嚴經》，他奉詔筆受。新譯《華嚴經》八十卷。雖較舊譯增加了〈如來現相〉、〈普賢三昧〉、〈華藏世界〉、〈十定〉等品，卻仍有脫漏。他用晉、唐兩譯對勘梵本，並把中印度沙門地婆訶羅在長安補譯的〈入法界品〉闕文補在新譯的脫漏處，使現行《華嚴經》得以完善。

智儼所創教相和觀行的新說，得到法藏更為詳盡地發揮，才使一宗的教觀建立周備。故有學者認為，法藏才是華嚴宗的實際創立者，後世則尊稱其為華嚴宗三祖。

不只是善說理論，法藏還善於利用一些具體事物，將華嚴義理經由感官的覺受，為修習者進行直觀教育。

例如，為了說明「事事無礙」法門，即事物與事物之間圓融無礙的關係，他概括為十玄門中的「因陀羅網境界門」。只是，這樣的境界該如何說明？即使說得再詳細，恐怕一般人也難以理解。

某次，為了對武則天和其他聆聽法義者說明此門深義，他準備了十面鏡子，安放於八方和上下，鏡面相對，距離一丈並點燃一支火炬，來照著中間安放的一尊佛像；於是，每面鏡子裡都重重疊疊地現出佛像、以及其他鏡子映現佛像的景象。在場者看到鏡中重重相映的現象，便都明白了這一華嚴深義。

為了引導武則天契入華嚴境界，法藏某次又以殿前金獅子為喻，圍繞其「無礙緣起」、「十玄無礙」和「六相圓融」等反映華嚴宗理事無礙、事事無礙思想的三個基本觀念進行分析，揭示了華嚴宗在思惟與修行上力圖縮短此岸與彼岸、眾生與諸佛之距離而展現出的圓融入世傾向，其文字記錄便是著名的《華嚴金獅子章》。

法藏將的華嚴思想主要包括「六相圓融」與「十玄緣起無礙」。

法藏在《五教章．卷四》中，舉屋舍說明緣起圓融，說六相——總別、同異、成壞——在顯「法界緣起，無盡圓融」，「六相鎔融，因果同時」；因此，六相之說成為了法界圓融的核心理則。

此外，法藏又以「一、多」貫穿六相：

一即具多名「總」相，多即非一是「別」相；

多類自「同」成於總，各體別「異」現於同；

一多緣起理妙「成」，「壞」住自法常不作。

「總、同、成」為「一」、「別、異、壞」為「多」，所以確實可由「一、多」貫穿。法藏的六相思想，應是參照二祖智儼論「一、多」的「同體、異體」思想中，再進而發揮「六相圓融」之義，於下一章有進一步說明。

相對於智儼的「古十玄」，法藏所立的十玄門則稱為「新十玄」，同樣將於下一章中予以說明。

除了「五教」的分判之外，法藏並將印度和中國的所有佛教宗派區分為十宗，分別為：

我法俱有宗、法有我無宗、法無去來宗、現通假實宗、俗妄真實宗、諸法但名宗、諸法皆空宗、真俗不空宗、相想俱絕宗、圓明具德宗。

前六宗屬小乘，後四宗屬大乘，華嚴宗便是最高的「圓明具德宗」。

在觀行修習方面，唯識宗窺基法師（玄奘弟子，西元六三二至六八二年）建立觀行法門「五重唯識觀」（遣虛存實識、捨濫留純識、攝末歸本識、隱劣顯勝識、遣相證性識），法藏則提出「十重唯識觀」，分別為：

相見俱存唯識、攝相歸見唯識、攝數歸王唯識、以本歸末唯識、攝相歸性唯識、轉真成事唯識、理事俱融唯識、融事相入唯識、全事相即唯識、帝網無礙唯識。

法藏大師專宗《華嚴》，是建構華嚴教義學的唐代龍象高僧，也是中國佛教思想體系的偉大構建者；其理論學說與智者大師的天台哲學，可說是中國佛教本土理論之雙璧。

弟子聞名者有：宏觀、文超、智光、宗一、慧苑、慧英等。

主要著作包括：

《華嚴探玄記》二十卷
《華嚴五教章》四卷
《華嚴遊心法界記》一卷
《華嚴經關脈義記》一卷
《華嚴經文義綱目》一卷
《華嚴三昧章》一卷
《華嚴策林》一卷
《華嚴經傳記》五卷
《唐譯新經音義》一卷
《密嚴經疏》三卷
《華嚴金獅子章》一卷
《華嚴經旨歸》一卷
《修華嚴奧旨妄盡還源觀》一卷
《華嚴經義海百門》一卷
《華嚴經明法品內立三寶章》二卷
《華嚴經普賢觀行法門》一卷
《華嚴經問答》二卷
《翻譯晉經梵語》一卷
《楞伽經疏》七卷
《梵網經疏》三卷

《法華經疏》七卷　　《起信論疏》三卷

《十二門論宗致義記》二卷

以及《華嚴發菩提心章》、《華嚴關脈義記》、《華嚴玄義章》、《華嚴一乘教義分齊章》、《大乘起信論義記》、《法界無差別論疏》、《入楞伽心玄義》、《梵網經菩薩戒本疏》、《新華嚴經略疏》（《新華嚴經料簡》）、《華嚴三寶禮》、《華嚴贊禮》、《華嚴翻梵語》和《華嚴梵語及音義》等。

在眾多著述中，《華嚴經旨歸》、《修華嚴奧旨妄盡還源觀》、《華嚴金獅子章》並稱「賢首三要」。

華嚴四祖——清涼澄觀

澄觀大師（西元七三八至八三九年），出生於唐玄宗開元二十六年，俗姓夏侯，越州山陰（今浙江紹興）人。法號澄觀，字大休，號清涼國師、鎮國大師、大統國師、華嚴疏主。華嚴教法遙承於法藏，隨本州寶林寺霈禪師出家。

澄觀十一歲出家，十四歲時，奉命參加經藏考試而通過，並獲得正式度牒。他每當閱讀時，總是一目七行，每日能記誦上萬的文字。

唐肅宗至德二年（西元七五七年），澄觀二十歲，於曇一大師處受具足戒，於常照禪師處受菩薩比丘戒。之後學習相部律、南山律及三論（《中論》、《百論》、《十二門論》），又親近錢塘天竺寺法詵法師修學華嚴教法。

唐代宗大曆初年（西元七六六年），曾在瓦官寺學習《大乘起信論》、《涅槃經》，又從淮南法藏學習《大乘起信論疏義》，復從詵法師學習《華嚴經》。詵和尚曾讚歎澄觀：「法界宗乘，全在汝矣！」足見澄觀對佛法之利根頓悟，深獲印可。

大曆七年（西元七七二年），又往剡溪再度探研三論；大曆十年（西元七七五年），依天台宗九祖湛然學習《天台止觀》、《法華經》、《維摩經》等。又參拜牛頭山慧忠禪師、徑山道欽禪師、洛陽無名禪師，諮問南宗禪法；之後又參訪慧雲禪師，探習北宗禪法。

澄觀大師遍訪名山，參學明師，一心鑽研律、禪、三論、天台及華嚴各宗教義，卓然有成。此外，還廣泛研究世間學問，舉凡天竺悉曇、諸部異執、四吠陀典、四圍五明、祕咒儀軌，乃至諸子百家、小學蒼雅等，不論篇頌、筆語、訓詁、聲韻、文字等，一皆博綜，通學無礙。

唐代宗大曆三年（西元七六八年），唐代密宗不空三藏於大興善寺翻譯《大虛空藏菩薩所問經》，澄觀被召擔任潤文的工作；至大曆六年，共譯經七十七部，一百二十卷。

大曆十一年（西元七七六年），澄觀遊歷五台山禮拜文殊菩薩，再往峨嵋山頂禮普賢菩薩，之後返居五台山大華嚴寺，應寺主賢林之請，開講《大方廣佛華嚴經》，後於崇福寺再講華嚴宗旨，前後駐錫大華嚴寺達十年之久。駐錫華嚴寺這十年間，糾正了慧苑異說（異於法藏之說），恢復了華嚴正統。

西元七八四年正月起，撰寫《大方廣佛華嚴經疏》，七八七年十二月完成。當他完成了《華嚴經》的註解以後，特地舉行《華嚴經》註解落成法會；這個《華嚴經疏》的落成法會，竟有一千多位高僧大德參與盛會，澄觀大師因而有「華嚴疏主」的美譽。所撰《隨疏演義鈔》九十卷，與法藏大師撰《探玄記》二十卷，被譽為「華嚴雙璧」。

唐德宗貞元十二年（西元七九六年），詔同罽賓般若三藏等，共譯烏荼國所進《四十華嚴》，於貞元十四年二月二十四日完成。

貞元十二年四月，德宗壽誕，詔請澄觀在麟德殿開示新譯《華嚴經》宗旨。群臣會集，澄觀升座說法，宣講經題妙義。講畢，德宗默然，如入海印三昧。不久方環視群臣道：

朕之師，言雅而簡，辭典而富，扇真風於第一義天，能以聖法清涼朕心。便賜澄觀「清涼國師」尊號，並賞紫衲方袍，朝廷大臣皆依之受持八戒，禮敬為師。

唐順宗登位（西元八〇五年），詔大師於興唐寺，為造普光殿、華嚴閣，塑華藏剎，繪「法界會」。元和五年（西元八一〇年），憲宗問「法界」義，聞法歡喜，敕有司鑄金印，賜「僧統清涼國師」號，統冠天下僧侶，主管僧門諸事。

穆宗、敬宗二帝咸景仰大師，敕封「大照國師」號。文宗禮師受戒，誓不食蛤，加封「大統國師」之號。

世壽達一世紀餘的清涼澄觀大師，身歷九朝，先後為七帝講經，當時地位頗受尊崇，可謂歷史上絕無僅有。

澄觀大師身處的時代，正是禪宗六祖惠能弘布禪法的時期；他早年又參訪過牛頭宗的慧忠、道欽，荷澤宗的無名，以及北宗神秀一系的慧雲等，澄觀受禪宗影響頗深，從而極力融會禪教。此諸宗融會、禪教一致的宗趣，對中唐以後的佛教界影響深遠。

澄觀大師的主要思想為「三聖圓融觀」與「四法界」。觀「華嚴三聖」（毗盧遮那佛、文殊、普賢二菩薩）圓融相即，故稱「三聖圓融觀」。

華嚴三聖各有象徵，如來為果，菩薩為因，二大菩薩又分別代表修行歷程中相對的特質，「三聖圓融觀」即是了知這些不同特質是相圓融的。「三聖圓融觀」的甚深義理便在於：菩薩修行中之因果相融、能所相融、解行相融、理智相融；修行者能解悟此義，則念念因圓、念念果滿；依此修行，必能圓滿三聖之德。

至於「四法界」，則是入華嚴的指標、地圖。澄觀大師在《華嚴法界玄鏡》中說，這「四法界」是表達整部《華嚴經》究竟旨趣的教說及修行實踐法。如其云：

言法界者，一經（華嚴經）之宗，總以緣起法界不思議為宗故。然此法界之相，唯有三，然總具四總：一事法界。二理法界。三理事無礙法界。四事事無礙法界。

此「四法界」思想，亦將於下一章中略解。

澄觀大師一生以十種誓願砥礪自己的修持，此十誓願雖有不同的說法，但皆為其高潔行誼之明證。《宋高僧傳．卷五》記載的，是由澄觀大師門下弟子清沔記錄下來的平時行狀：

一、長止方丈，但三衣一缽，不蓄餘長。

二、當代名利，棄之如遺。

三、目不視女。

四、身影不落俗家。

五、未捨執受，長誦《法華經》。

六、長讀大乘經典，普施含靈。

七、長誦《華嚴》大經。

八、一生晝夜不臥。

九、不邀名、惑眾、伐善（誇善）。

十、不退大慈悲，普救法界。

民國南亭老和尚於《華嚴宗史略》中所引述的十事則為：

一、體不捐沙門之表。　二、心不違如來之教。

三、坐不背法界之經。　四、性不染情愛之境。

五、足不履尼寺之塵。　六、脇不觸居士之榻。

七、目不視非儀之彩。　八、舌不味過午之餚。

九、手不失圓明之珠。　十、宿不離衣缽之側。

澄觀之弟子聞名者有：宗密、僧叡、法印、寂光等，其他得法者百餘人，學僧數千人。

主要著作包括：

《大方廣佛華嚴經疏》六十卷
《新譯華嚴經七處九會頌釋章》一卷
《隨疏演義鈔》九十卷
《隨文手鏡》一百卷
《華嚴經行願品疏》十卷
《大華嚴經略策》一卷
《華嚴法界玄鏡》二卷
《三聖圓融觀》一卷
《華嚴經綱要》三卷
及《華嚴心要法門》等合計三十多種。

華嚴五祖——圭峰宗密

宗密禪師（西元七八〇至八四一年），生於唐德宗建中元年，俗姓何，名炯，果州西充（今四川西充縣）人。法名宗密，世稱圭山大師、圭峰禪師、草堂和尚。宗密生前，常住陝西鄠縣圭峰山，故被稱為「圭峰大師」。

少年讀儒家書，二十歲時接觸佛學。唐憲宗元和二年（西元八〇七年），二十八歲時進京赴考，途次遂州（今四川遂寧市）大雲寺，在荷澤神會系下道圓禪師門下出家。元和三年，受具足戒，從道圓學習〈華嚴法界觀門〉。

受戒後，參訪荊南惟忠禪師、洛陽報國寺神照禪師。西元八一〇年，來到襄漢，遇見澄觀大師弟子、恢覺寺靈峰闍黎，病中授以澄觀大師所撰《華嚴大疏》六十卷及《大鈔》四十卷。

元和五年（八一〇年），入澄觀大師座下，跟隨澄觀大師學《華嚴》。大師曾讚歎他說：「毗盧華藏能隨我遊者，其汝乎！」讚其為不可多得的英才。爾後便繼承清涼大師，宗弘華嚴。

宗密又隨荷澤宗的禪師學禪，提倡教禪一致，影響後代甚巨。他是最早收集禪宗語錄跟整理禪宗文獻的先驅，提倡「教禪一致」，亦是《圓覺經》（註三）最早的提倡者。

唐憲宗元和十一年（八一六年）春，於終南山智炬寺，作《圓覺科文》，《纂要》二卷。元和十四年於興福寺，作《金剛纂要疏》一卷，《鈔》一卷。元和十五年春，於上都興福、保壽二寺，集《唯識疏》二卷。

據裴休撰〈唐定慧禪師傳法碑〉所載，宗密禪師某次因被政治鬥爭牽連而被逮捕下獄。審訊中，審問人「面數其不告之罪，將害之」。但是宗密面對死亡的威脅，怡然自得地說：

貧道識訓年深，亦知其反叛。然吾本師（指佛）教法，遇苦即救。不愛生命，死固甘心。

或許是宗密大師這番話打動了審訊者，便免除了他的死罪。

因有這樣的風骨與學養，無怪乎裴休讚歎他是：

真如來付囑之菩薩，眾生不請之良友。其四依之人乎？其十地之人乎？吾不識其境界庭宇之廣狹深淺矣！

弟子聞名者有：圭峰溫、慈恩寺太恭、興善寺太錫、萬乘寺宗、瑞聖寺覺、化度寺仁瑜及玄圭、智輝等數千人。

主要著作包括：

《原人論》一卷

《圓覺經大疏釋義抄》十三卷

《華嚴經行願品疏鈔》六卷

《華嚴經法界觀科文注》一卷

《圓覺經大疏》十二卷

《金剛經疏論纂要》二卷

《圓覺經道場修證儀》十八卷

《禪源諸詮集》一百卷（現僅存序）

《起信論注》四卷

《注華嚴法界觀門》一卷

《華嚴心要法門注》一卷

《圓覺經略疏》四卷

《佛說盂蘭盆經疏》二卷

《中華傳心地禪門師資承襲圖》一卷

【註釋】

註一：出家戒，又稱為出世間戒，著重於修持身口意三業。共分五大類：比丘戒、比丘尼戒、式叉摩尼戒、沙彌戒、沙彌尼戒。男性出家弟子要依序受：沙彌戒、比丘戒；女性出家弟子要依序受：沙彌尼戒、式叉摩尼戒、比丘尼戒。

註二：具足戒，梵語 Upasampadā，指在出家加入僧團成為出家眾後，成為比丘或比丘尼時所應接受與遵行的戒律，也就是指波羅提木叉（梵語 prātimokṣa，或譯別解脫戒）。發誓遵守波羅提木叉，是成為僧團成員的先決條件；出家眾必須要遵守完整的波羅提木叉，故稱為「具足」。接受具足戒之後，正式成為僧團成員，才能被稱為比丘或比丘尼。

註三：《圓覺經》全名《大方廣圓覺修多羅了義經》，乃佛陀入神通大光明藏三昧，透過與文殊師利等十二位菩薩的問答，宣說如來圓覺妙理，揭櫫一切眾生具足圓覺妙心，由頓而漸、指引眾生如何修行成佛的經典。相傳此經在初唐時由佛陀多羅於洛陽白馬寺譯出。此經歷來受到天台宗、華嚴宗及禪宗的高度推崇，在漢傳佛教中具有重要地位。但因其譯出過程不詳，又無梵文本傳世，現代佛教研究學者懷疑此經可能是在中國寫成，非由印度傳入。

貳・華嚴宗思想略解

即此一珠能頓現一切珠影；此珠既爾，餘一一亦然。既一一珠一時頓現一切珠既爾，餘一一亦然，如是重重無有邊際。

華嚴宗的主要思想包括：「五教」教判、法界緣起、四法界、六相圓融、十玄門等。以下便從對整個佛教思想體系予以某種「層級」分判的「五教」教判開始談起。

天台宗之「五時」教判與《華嚴五教止觀》

釋迦牟尼佛之發心，就是要引迷入悟，使人人成佛、個個得道，成就無上正等正覺。然而，世上大多數小智、小機、小福之人難以契入。天台宗智者大師（智顗，西元五三八至五九七年）在《法華玄義》提出著名的「五時判教」，就將世尊四十九年說法，為接引不同根器之眾生，而分為五個階段，名為「五時」——

一、**華嚴時**：

佛於初成道二七日，在寂滅道場，現毗盧遮那法身，在海印定中，以「頓」的方式說《華嚴經》。

然而，此時攝大機、不攝小機，小乘如聾如啞。

二、**鹿苑時**（**阿含時**）：

佛於鹿野苑等地，十二年間說小乘《阿含經》等；此時佛脫法身，現老比丘相。此係小乘教，不攝大機。

三、**方等時**：

廣說各種法門，斥責修習者對小乘佛法之執著，通於化法四教之各教，並讚大乘佛法。

四、般若時：

專說般若系經典，淘汰大小佛法之情執，統會歸於一乘，而融化於實相一相，是謂實相。泯一切差別相，滅一切有所得執。

五、法華涅槃時：

說會三乘（聲聞、辟支、菩薩）歸一乘（佛乘）之《法華經》，更於入涅槃前說《涅槃經》，開權顯實，發跡顯本。

如證嚴上人之開示，「華嚴時」，佛陀直指人心見性；但是，人的心還是無法自己見自我的本性，所以佛陀才要再用四十幾年時間，循循善誘。為了眾生根機不齊，佛陀才要設教，從「阿含」開始，適應眾生的根機；再經過了「方等」、「般若」，才能歸入真行道，那就是《法華經》。

《法華經》宣說的是佛陀本懷；每一尊佛出世來人間，無不都是為了講《法華經》，《法華經》就是十方諸佛心中最重要的法。所以，釋迦牟尼佛要講《法華經》之前的四十二年間，需用很多的方法來引導眾生。

從「般若」轉入「法華」來，還需要有一個轉折，收攝過去種種方便法，準備趣入真實法，即是《無量義經》；所以，《法華三部》才會以《無量義經》做為開經。（註一）

如上所言，《華嚴經》是世尊成道後的第二七日，於菩提樹下，為文殊、普賢等上位菩薩所宣說的自內證法門，是教法中的根本法輪，所以稱為「稱性本教」。

又因根本教法是屬頓教法門，因此也稱「初頓華嚴」，經中內容記述佛陀的因行果德，開顯出重重無盡、事事無礙的妙旨，構築重重無盡的宇宙圖景和諸佛境界。

然而，因大部分眾生皆迷，故必須由淺入深地指引，才能去迷就悟；因此，杜順大師認為，只因眾生根機不一，故需立五門止觀。心不清淨則難以登正覺之門，所以若人修觀，需從「法有我無門」開始，一門一門起觀，而漸入「華嚴三昧門」。

杜順大師的止觀五門，則是一個漸次修觀的過程；先從有觀，再入空觀，次入非有非空觀，後明離於空有而顯真如，最後達到空有一際，圓融無礙，法界緣起，重重無盡，使之「深入經藏，智慧如海」。據傳為杜順大師所著的《華嚴五教止觀》，便為後世華嚴宗之「五教」教判奠立基礎。

《華嚴五教止觀》首先進行了判教：

行人修道簡邪入正止觀法門有五：一法有我無門（小乘教），二生即無生門（大乘始教），三事理圓融門（大乘終教），四語觀雙絕門（大乘頓教），五華嚴三昧門（一乘圓教）。

所謂「五教止觀」，就宗教立場而言，原係指五種不同層次的修行境界：「法有我無」門、「生即無生」門、「事理圓融」門、「語觀雙絕」門，以及「華嚴三昧」門；杜順法師則獨具隻眼，將之應用在判教上，以其分別代表小乘教、大乘始教、大乘終教、大乘頓教，以及一乘圓教。

法藏著《華嚴五教章》中便云：

至相智儼大師，親承於杜順和尚，顯揚宗旨，弘傳一乘。《搜玄》、《十玄》、《孔目》、《問答》、《章疏》非一，約就五教廣立清範。（中略）賢首親於智儼造此五教。

又云：

聖教萬差，要唯有五：一小乘教，二大乘始教，三終教，四頓教，五圓教。

以下便略解杜順大師的「五教」分判。

一、法有我無門

杜順大師立五教中的第一教，便是小乘的「法有我無門」：

夫對病而裁方，病盡而方息；治執而施藥，執遣而藥已。為病既多，與藥非一；隨機進修異，所以方便不同。今偏就五停心中，為眾生著我者，說界分別觀。

眾生從無始已來，執身為一，計我我所。然計我有二種，一即身執我，二離身執我。言離身執我者，謂外道計身內別有神我者是也；廣如經論中破，於此不更繁文。言即身執我者，執我如來慈悲為破此病故，都開四藥以治四病。其中別門各有藥病，具如後釋。

言四病者。一執身為一我，二執四大，三執五陰，四執十二入。言四藥者，一色、心兩法，二四大、五陰，三、十二入，四、十八界是也。

次釋，若眾生執身為一我而成病者，即說色、心二法為藥，亦云此中乃有色、心二法。云何為一我耶？眾生聞此遂即轉執色心為實成病，即為開一色即為開一心。色為四色，即四大是也；開一心為四心，即五陰中四陰是也。此乃是四色、四心。

云何但執一色、一心為一我耶？眾生又即轉執四色、四心成病。佛即為合四大為一色，即五陰中色陰是也；合四心為一心，即十二入中意入是也。眾生聞此又更轉執成病，佛即為分一色為十一色；言十一者，即十二入中內五根、外六塵，成十一色也。開一心為七心，即十八界中六識並意識是也，此乃是十八界。

依杜順大師的義理思想，止觀的「止」是止息妄念，「觀」是如實觀察一切法，指的是修禪觀的方法；修行者在靜定的狀態下（止），思考特定的事物或教義（觀），以達到相應的體驗（入道）。「簡邪」是手段，「入正」則是目的。

「法有我無門」旨在闡明小乘佛教義理，闡明「人空」之理。其中，小乘雖能破我執，但未能破除法執。小乘認為「我執」有「四病」，於是可以用「四藥」治之。所謂「四病」者：（一）執身為一我，（二）執四大（地、水、火、風），（三）執五陰（色、受、想、行、識），（四）執十二入（六根、六塵）。

杜順以治病為喻，以法為藥，認為「四病」可以用「四藥」來醫治：

（一）如有執身為一我者，可以「色、心二法」來醫。簡言之，若有人以為自己是一我，那可對他說「色、心二法」，指出：他雖然有具體形質的色身，但還有不可見的心靈。怎能說只是「一我」而已呢？

（二）有執著「四大」為一我者，則可以四大、五陰的理論醫治之。所謂「四大」，指的是「地、水、火、風」，這些都是有形的存在，也就是「色」。佛學將四大合為一色，就是「五陰」中的色陰而已，怎能等同於一我？

（三）如果有執著「五陰」為一我者，則可以「十二入」的理論醫治之。之前佛陀將四大合為一色，成為五陰中的色陰，再將剩下的「受、想、行、識」四陰合成一心，便成為十二入中的意入而已，又怎能等同於一我？

（四）如果有執著「十二入」為一我的，則可用十八界的理論來醫治；十八界是指內六根、外六塵，以及所生六識（眼、耳、鼻、舌、身、意），共計十八種分別界。執十二入的內執我有六根（眼、耳、鼻、舌、身、意），外執物有六塵（色、聲、香、味、觸、法）；如果能令他了解十八界的理論，當可破解他的執著。

十八界還可從「名、事、體、相、用、因」六個方面來分析，一界即六，六中分別，總計為一百零八界。在一百零八界中，如何可執為「唯一之我」呢？

總結以上所說，小乘主張「十二因緣」、「業惑緣起」，以「我」是由五陰、四大因緣和合而成，緣散即滅；但依照一百零八界之「我」，「我」並非實有，故說「我空」。

二、生即無生門

五教中的第二教是能破「我法兩執」的大乘始教，「生即無生門」。緣上，小乘教主張諸法實有，大乘始教必先破除這種觀點。大乘般若宗強調心理世界，否認了物質世界的實有，「先簡名相，後入無生門」，只有揀擇分別「名」、「相」，才能破除了小乘實有的執見。

《華嚴五教止觀》載：

生即無生門者，就此門中，先簡名相，後入無生門。

今初簡名相者，且就世間，隨取一物徵即得。今且就一枕上徵，問不違世間，喚作何物。答：「是枕。」

問復：「是何？」答：「是名。」

又問：「此是何枕？」答：「是木枕。」

又問：「木枕復是何？」答：「不是名。」

又問：「既不是名，喚作何物？」答：「是句。」

又問：「枕喚作何物？」答：「不是句。」

又問：「既不是句，喚作何物？」答：「是名。」

又問：「名將何用？」答：「名將呼事。」

又問：「素將來？」答：「枕到來也。」

即指到來者，是何？止不須語。此是默答。

……

此始教菩薩則得人法二空。亦名法無我智也。

一般人講求「名實相符」、「名正言順」；然而，這樣的語言認知和經驗知識，卻會帶給人們對「名相」的固執。

杜順大師為了破除小乘的執著，先將「事實」與「語言」分離開來。他以「枕」為例，逐層反思，接連深入，說明了一般人對「識心」（我們日用平常的心理與認知活動）的虛妄分別，證成此名實關係並非實有。其中論證次序，臚列如下：

他首先以現實世界中的「枕」為例，以單名稱之為「枕」。

第二、接著問枕的材質為何？若說是「木枕」，則包含兩個名言概念。在語言的使用中，包含了：內涵（Intension 或 connotation）是指一個符號、詞語、或句子的意義或特徵，通常會用定義的方式表達，例如「枕」；另一個是外延（Extension），是指一個想法或（語言）的表達由它所適用的事物構成，它是相對於內涵的，例如「木」。將「木」與「枕」合而為一來使用，「木枕」可說是一個「名詞」。

第三、「名詞」可以指代人、物、事、時、地、情感、概念、方位等實體或抽象事物名稱的詞，其作用在指涉「事」（即木枕本身）。

第四、「名詞」的稱呼，並非「枕」本身，而是用語言文字指稱「事」。

第五、這裡所指的「事」是「相事」（「事」有多種，包括「相」、「理」、「色」等）；所指的「相事」，特指「方相」（因為枕頭的形狀是方枕）。

第六、此「方相」，指的便是該枕的「方」，其具體呈現四稜、六面的幾何形狀。

第七、上述的「名詞」、「方相」，為八識中第六識（又稱為意識）所攝。依據《瑜伽師地論．卷五十四》云：「生起所作者，謂眼色為緣能生眼識，乃至意法為緣能生意識。」指的便是人的第六識可以對色、聲、香、味、觸等五塵境界上的法塵做詳細的分析、推理、記憶，可以了別法塵。

第八、第六識的「因」是第八識的種子識，種子識來自見聞、薰習。

第九、只有眼識見「色」，而「名」、「相」則在意識心中，而這「色」不是「六稜四面」（不是幾何形狀），而是眼根直接所見（所謂「現量」）。

第十、緣上，「名」、「相」存在於意識心中，則僅為心中記憶，不具備任何物質性質。

第十一、記憶不是現前知覺，則「名」、「相」不得存在於現前知覺中（不得是「現量」）。

第十二、心中有「方相」（「六稜四面」）的幾何形狀，是出於推論（從「枕」抽象而得），而不是出於現前知覺（即所謂「比量」）。

第十三、由此可見「名」、「相」只在人心之中，並非實質的存在，只有「色」是可見的實質存在。

緣上，法執的對象「名」、「相」都不是實有的，都不是感官直接所接觸的物件，而是訴諸於意識，只有感官直接接觸的物件才是真實的存在，感官直接接觸的是無分別的色法；一旦經過意識的分別作用，便產生了種種名、相的分別。

故杜順大師才說：

一切皆空故，觀如是法離情執故，故名為觀。

如能做到「無生觀」和「無相觀」，便知道「法非實有，妄見為有」的道理，可破「法執」；不僅不再執著於一切法，就連對空法本身也不會執著。

關於「無生觀」、「無相觀」：

無生觀者，法無自性，相由故生，生非實有，是則為空，空無毫末。故曰：「無生。」經云：「因緣故有，無性故空。」解云：「無性即因緣，因緣即無性。」又《中論》云：「以有空義故，一切法得成。」又經云：「若一切法不空者，則無道無果等。」

承上所言，因緣生法，無有自性，故生如幻化，而非實有，非實有則為空，空無毫末可得，不可得，故曰「無生。」

無相觀者，相即無相也。何以故？法離相故。經云：「法離於相，無所緣故。」又經云：「一切法皆空，無有毫末相，空無有分別。」由如《虛空有門論》云：「無性法亦無，一切皆空故。」觀如是法，離情執故，故名為觀。依佛法，緣起性空，性空緣起，故曰：「相即無相」，一切法離相，無性法亦無，一切法皆空，故曰「無相」。

以上二觀，皆是去除法執，明萬法皆空。明了此理，則不起妄見；不見有，亦不見無，離有無二見。不見有，則不以有見障無見；不見無，則不以無見礙有見；因一切法皆空，所以無礙。因無礙故，真如涅槃不礙生死有為，一切法如如無礙，不二不異。如是「真空絕相觀」，乃可入生即無生門。

三、事理圓融門

如上所言，大乘始教已可到達「人法二空」的修行境界；然而，只談空性，卻容易落入「斷滅空」、「頑空」的羅網之中，會產生兩種錯誤的見解——

其一是從時間的觀點來看，叫做「斷滅空」。持這種見解的人認定事物是自然生滅，沒有過去因造成現在的果，也沒有現在因造成未來的果。

其二，錯誤的空性見解叫做「頑空」。這是從空間的觀點來看，認為現象是全然的虛幻，因此不認真地看待現象。

故可知，「斷滅空」、「頑空」並不是修證所得的境界，只是一種在學佛學道過程中對真理所產生的一種錯解與妄想。

斷滅空是有想的境界，分別起了「斷想」、「滅想」、還有「空想」三種邪想，於無相實相不能如實證解。

然而，大乘終教必須透過大乘始教「空有不二」的理論，方可來暢談「事理圓融觀」。杜順大師是以「一心二門」的理論，來說明大乘終教「事理圓融」、「空有不二」。

《華嚴五教止觀》載：

夫事理兩門圓融一際者，復有二門，一者心真如門，二者心生滅門。心真如門者是理，心生滅者是事，即謂空、有二見。自在圓融，隱顯不同，竟無障礙，言無二者。緣起之法似有即空，空即不空，復還成有；有空無二，一際圓融，二見斯亡，空有無礙。

夫行者著有，賢聖行者住無；今既有無無二而二，二而不二，是故雙離兩失，頓絕百非，見心無寄，故名觀也。

在杜順大師的思想中，事、理兩門是圓融的，事、理二門融攝於一心之中。「心真如門」認為，一心之本體為超越迷悟等一切差別之絕對平等之理體，即為不變真如；「心生滅門」則是隨內外環境的影響，而產生種種生滅變化。心真如門是「理」，心生滅門是「事」。順理、事二門而出，雖然空、有二見，然而皆攝於一心之下，自在圓融。其作用雖有隱、顯的不同，然一體無別，毫無障礙。

但在理界，雖言無二者，緣起之法似有即空；但在事界，空即不空，復還成有。總的來說，「空」與「有」原為一物兩面，互不相礙；最終，有空無二，一際圓融。

一般人所見，理念界與現實界二者總是相互拉扯，二元對立；但杜順透過「事理圓融觀」能將「事法界」與「理法界」溝通起來，使「理」攝受變遷的「事」，也使「事」攝受超越的「理」。

順著上述「空有無二，一際圓融」、「空有二見，自在圓融；隱顯不同，竟無障礙」的觀點，杜順大師提出「止觀雙行」、「悲智相導」的修行法門。

杜順將「空有不二」之理運用在「止觀」上，他說：

以有即空而不有，故名止。以空即有而不空，故名觀。空有全收，不二而二，故亦止亦觀。空有互奪，二而不二。故非止非觀。

所謂的「止觀雙行」，「止」意謂透過禪定的修行，讓真如心止於一處不動搖，也就是自心決定不移、安止於所緣的境界，於所得實相智慧心得決定不動搖。「觀」就是當意識心制心於一境不動搖之後，意識心有了定力，去觀察實相法界的境界，而能作思惟觀察分別；易言之，這個所「觀」，是依性境現量上之觀察，並不是意識心自身的虛妄想像。

「悲智相導」亦是同理可證。「悲智相導」乃菩薩道之根本，此建立在「空有不二」之基礎上，以對治空、有之執取。

《華嚴五教止觀》云：

有即空而不失有故，悲導智而不住空；空即有而不失空故，智導悲而不滯有。

以不住空之大悲故，恆隨有以攝生；以不滯有之大智故，常處空而不證滅。

菩薩雖有悲情空智，但二者相導，故能不住空、不滯有。同樣地，因為這「空有一際，二而不二」的道理，故菩薩「不住生死，不住涅槃」，而「水波一而不礙殊，水與波別而不別」。如此將空有、真如生滅、生死涅槃均納於一心之中，是乃以一心涵蓋一切。

四、語觀雙絕門

五教中第四教是大乘頓教的「語觀雙絕門」。《華嚴五教止觀．語觀雙絕門》載：

夫語觀雙絕者。經云：「言語道斷、心行處滅」者是也。即於上來空有兩門。離諸言論心行之境，唯有真如及真如智。何以故？圓融相奪離諸相故，隨所動念即皆如故，竟無能所為彼此故。獨奪顯示染不物故。經云：「唯如如及如如智獨存等。」又經云：「諸法寂滅相不可以言宣。」又經云：「法離一切觀行。」又經云：「若解真實者無菩提。」

問若云：「空有圓融語觀雙絕者，即離觀行。」

云：「何證入耶？」答：「非是，默而不言。」但以語即如故。不異於法。是以無言。觀行亦爾。反上可知。

故經云：「有三十二菩薩，各說二而不二、不二而二，名入不二法門。次至維摩，默答寂無言說，名真入不二法門。」文殊歎曰：「善哉！善哉！默然無言，是真入不二法門。」

解云：「維摩雖默無言，即是說法。何以故？以諸菩薩皆得解故。何者？言說觀行即是法也。問空有無二，遂令大士無言；性相鎔融，致使觀心無措者。」

「語觀雙絕」，杜順引《維摩結經．見阿閦佛品》中：「一切言語道斷」、《瓔珞經．下》曰：「一切言語斷道、心行處滅。」就是說，不以任何名言概念，甚至思想分別加諸於「真際」或「實相」，以證詮「空有無二」。

接著引用《維摩結經．入不二法門品》說明「空有無二」。原文如下：

爾時維摩詰謂眾菩薩言：「諸仁者，云何菩薩入『不二法門』？各隨所樂說之！」

會中有菩薩，名法自在，說言：「諸仁者，生、滅為二。法本不生，今則無滅；得此無生法忍，是為入不二法門。」

……

如是諸菩薩各各說已，問文殊師利：何等是菩薩入不二法門？

文殊師利曰：「如我意者，於一切無言無說、無示無識，離諸問答，是為入不二法門。」

於是，文殊師利問維摩詰：「我等各自說已，仁者當說，何等是菩薩入不二法門？」

時維摩詰默然無言。

文殊師利歎曰：「善哉善哉！乃至無有文字語言，是真入不二法門！」

諸位菩薩主要是透過自身對於不二法門的理解，提出各種二元對立的概念，使眾生能瞭解並消除種種的對立相，就能藉此瞭解「無住」的概念，能「生出一切法」。從法自在菩薩一直到樂實菩薩，一共提出了三十一種自身個別的體證，來說明進入不二法門的途徑。本文的最高潮出現在文中的最後，當眾位菩薩向文殊師利請問何等是入不二法門時，文殊師利卻說：

如我意者，於一切無言無說、無示無識，離諸問答，是為入不二法門。

文殊師利提示最高的真理是不可言說，無法表示、或以任何形式展現。而當文殊師利再向維摩詰請益什麼是菩薩入不二法門時：

時維摩詰默然無言。文殊師利歎曰：「善哉善哉！乃至無有文字語言，是真入不二法門！」

根據上文，文殊師利已經看到了諸位菩薩的盲點，並且知道用言語並無法完全包含言說者所要表達的「不二」之超越意義；既然如此，又為什麼要用言語來表達呢？這似乎就是一種矛盾；何況，用「言說」的主體性來指謂那「不可說的客體」，也有陷入主客二元對立的危險。維摩詰似乎也知道了文殊師利所執著或想要展現的方式，於是乾脆以一種存在的方式，即以主體來顯示「不二」的境界，來表達「不可言、不可說，不可示、不可識」，泯除種種二元對立的絕待境界。

一入不二法門，便知道「空有無二」、「諸法寂滅相，不可以言宣」，因此《五教止觀》云：

是以維摩默答欲表理出言端，天女盛談欲彰性非言外；性非言外，言即無言；理出言端，不說即說，不說即說。

文中透過單遣法（method of single negation）、雙遣法，兩者透過相對層的對立、去執，而到了絕對層。然而，這兩者只能消極地從否定的角度消解執著並不能解決「不著」諸法之作用；於是，得再翻升到「不捨不著法」、「語觀雙絕門」。

五、華嚴三昧門

五教中的第五教是「華嚴三昧門」（註二），旨在揭示華嚴宗「法界緣起」之理。《華嚴五教止觀・華嚴三昧門》云：

但法界緣起惑者難階，若先不濯垢心，無以登其正覺。故《大智論》云：「如人鼻下有糞臭，沉、麝等香亦為臭也。」故《維摩經》云：「無以生滅心行說實相法故。」須先打計執（註三），然後方入圓明（註四）；若有直見色等諸法從緣，即是法界緣起也。不必更須前方便也。如其不得直入此者，宜可從始至終一一徵問，致令斷惑盡迷、除法絕言、見性生解，方為得意耳。

「華嚴三昧門」主張以一切緣起事物皆入於平等法界之中：一入於一切，一切入於一，可說是一機體圓融的理論。

華嚴三昧是極深的禪定境界，建立在圓融法界無盡緣起論上。入此三昧主要靠智慧，隨著自己心念和心願悟入，以諸佛的平等法身，作為一真法界之體。即從本以來不生不滅，離空、有等二分法，唯一真實，不可思議，所以稱為「一真法界」，是整部《華嚴經》玄妙極致的圓滿理體。而一真法界是融攝萬法，萬法皆從因緣所生，所以形成彼此無盡緣起之關係，出現無盡的國土、無量的眾生及無盡的事相。

現象界所有事物，乃至一微塵，無不是法界緣起；菩薩於此中思惟觀察法界緣起實相，就依此勝妙之解生起種種勝行，來莊嚴佛果。以一真法界為體、為宗趣，專心修習至純熟，而達到華嚴三昧境界。（註五）

法界緣起

要深刻地理解法界緣起，便須進一步了解華嚴宗所歸納之四種緣起思想。華嚴宗之教理係以「緣起」為主，而於所判立五教之中，除頓教外，分別各說一緣起，即：於小乘教說「業感緣起」，於大乘始教說「賴耶緣起」，於大乘終教說「如來藏緣起」，於圓教說「法界緣起」。唯獨頓教因是無相離言之宗，不更涉教相之教，故無緣起之說。

一、業感緣起：

謂「惑、業、苦」三道輾轉輪迴而因果相續。蓋「惑」為心之病，「業」為身之惡，「苦」為生死之果報；以心之病為緣而造身之惡，由身之惡為因而感生死之果；如此惑、業、苦三道輾轉，互為因果，故稱業感緣起。所謂三世因果、十二因緣觀，即由此而來。

二、賴耶緣起：

即業感緣起之所緣而生者。「賴耶」為「阿賴耶」之略稱，梵語 alaya，意譯為「藏」，乃「種子」之義；意即微細不可知之一大藏識，為一切有情之根本所依。一切千差萬別之現象，皆為此藏識所執持之種子所現行，此稱「種子生現行」；於此同時，彼種子所現行之萬法，又於藏識中新熏其種子，此稱「現行熏種子」。如是故知，由本有種子、現行、新熏種子等三法之輾轉相生，而有「種子生現行，現行熏種子」之關係。

賴耶緣起，謂由藏識所執持之本有種子遇緣生現行，次由所現行之萬法新熏種子於藏識中，而後更遇緣，則自種子再生現行，自現行再熏種子。如此經由本有種子、現行、新熏種子三法輾轉輪迴、互為因果而無窮始終。

三、**如來藏緣起**：

如來藏為梵語 Tathāgatagarbha 之意譯，又可譯為「佛性」、「真如」；「藏」藏為「含藏」、「能藏」、「寶藏」的意思，就是含藏著能出生一切法的寶藏之庫，也就是《大乘本生心地觀經》中所說的「藏識持緣一切種，如影隨形不離身」。

如來藏緣起又作「真如緣起」，即賴耶緣起之所緣而生者。謂眾生之生死流轉、還滅涅槃，皆依含真如之如來藏佛性。即一味平等之真如，乃為無始無終不增不減之實體，為染淨之緣所驅而生種種之法。其實體有真如門、生滅門二義。就「真如門」而言，如來藏乃一味平等之體；就「生滅門」而言，如來藏由染緣而現六道，由淨緣而出四聖。蓋以「真如之體」為因，「因緣之用」為緣，而生「生滅之相」；由此三法而得生滅之果，即現行之賴耶識。《大乘起信論》對此緣起論說明甚詳。

四、法界緣起：

參照佛光大辭典的解釋，如是一切萬法由一如來藏變現，則論其萬法互相融通，可為一大緣起，此即稱「法界緣起」；緣起之義理即窮極於此，乃為華嚴一宗之特色。

具體而言，法界緣起即謂法界之事法，無論有為無為、色心依正、過現未來等，盡成一大緣起，而無任何單獨存在者，故以一法成一切法，以一切法起一法。就諸法之勢力而言，具有一（一法）、多（一切法）相入之義；就諸法之體性而言，具有一、多相即之義。華嚴宗乃以此相入、相即之妙義，闡釋法界萬有相融無礙之極理。

《華嚴經》倡言「法界緣起」。又作法界無盡緣起、十十無盡緣起、十玄緣起、無盡緣起、一乘緣起。

華嚴宗主張，現象事物，相即相入，互為緣起，重重無盡，圓融無礙，法界之形成，係以一法而成一切法，以一切法而起一法，是故一關係著宇宙之一切（一即一切），一切亦含攝於一之中（一切即一）。以一微塵映全世間、瞬間含永恆，進而主張染淨不二，聖凡同體，事事無礙，圓融自在。

簡言之，法界緣起之萬象彼此間是相互鎔融、相即相入、相就相成、圓融無礙，在重重無盡的串聯中成一大緣起，是廣大無窮盡的，故稱無盡緣起。

四法界

四法界即華嚴宗之宇宙觀，又作四種法界、四界。華嚴宗認為，全宇宙係統一於一心；若由現象與本體觀察之，則可別為四種層次：

一、事法界：

一切眾生色、心諸法，一一差別，各有分齊，故名為「事法界」，所指的即是吾人所認識的現象世界。一切有生有滅有差別的事物現象，無論是精神的還是物質的，全統攝於事法界之中。

二、理法界：

一切眾生色、心等法，雖然有差別，而體性為一，同於一理，故名「理法界」，即是無差別性的諸法實相，也就是空性、真如、佛性、法性、實相等。達此境界者已臻空境，但未生起真如妙用，故並不完全。

三、理事無礙法界：

此界「理由事顯，事攬理成」，實相之理由事而顯，千差萬別的事物則由得理而成；理、事交融，互為依緣而不為障礙，故名「理事無礙法界」。也就是說，事法界有差別性，理法界無差別性；有差別性是假的幻影，無差別是真的實相，真假相即相入，圓融無礙，不可互離，所以稱為理事無礙法界。

四、事事無礙法界：

指一切諸法雖各隨因緣而起，但彼此之間互相交涉，無有一法可自存，故云：「事事無礙，重重無盡。」

換言之，一切有分齊的事法，表面上看雖然有差別，而從一心所顯、因果相聯的角度來看，則性質為一，故能稱性通融、一多相即、大小互融、重重無盡，故名事事無礙法界。也就是說，既然一切事物現象是心的產物，大小、高下等差別乃是心之造作；此心悟入華嚴境界，則可以事事圓融，無窮無盡。

前文曾提過的杜順大師〈法界觀門〉一文所提出的的三觀，便可觀此四法界之理——

真空觀：

「真空觀」即為四法界中之「理法界」，相對之「事法界」則為無盡無量的森羅萬象之差別相。其「理」並非指現象背後的實體，而是指空性，旨在蕩滯遣執，令吾人悟入緣起性空之根本義理。其又分為四句：一、會色歸空觀；二、明色即空觀；三、色空無礙觀；四、泯絕無寄觀。

深究之，此一觀法實根據《般若經》的最高觀點所建立的。一般說來，眾生一接觸到外界事物，便認為其為實有而執著其上；或是談到緣起性空之空性時，卻又執著於斷滅空。所以必須要透過般若的觀照，才能將二元對立的世界觀加以化除。

理事無礙觀：

在「真空觀」中所說的色空無礙、泯絕無寄，都是在闡明緣起性空之理，對與萬法與空性的不二之理則尚未能彰顯。「理事無礙觀」則進一步分為十門：理遍於事門、事遍於理門、依理成事門、事能顯理門、以理奪事門、事能隱理門、真理即事門、事法即理門、真理非事門、事法非理門。

此觀漸進地剖析理融於事、事融於理，理事相即相入的不二之理，以此觀成「理事無礙法界」。因理事圓融不二，便可以「令理成事」、「即事顯理」，理事交融互徹，如此則可發展出「周遍含容觀」。

周遍含容觀：

既然萬法一一皆為「理」的表顯，則在我們所觀照下的森羅諸法之間，亦應能相融無礙、普遍攝受，不必以理（空性）來作為其圓融無礙、相即相入的媒介，離理無事、離事無理，如此則事事皆有其絕對的價值，「一色一香無非中道」，諸種差別心法、差別萬象，均能一一呈顯為無差別境界，此境即是「事事無礙法界」，亦即「周遍含容觀」所觀之境。

「周遍含容觀」可分為十門：理如事門、事如理門、事含事理門、通局無礙門、廣狹自在門、遍容無礙門、攝入無礙門、交涉無礙門、相在無礙門、普融無礙門。

在「普融無礙門」中，則將第八、九兩門互相交攝成兩重八句，充分闡明華嚴「互攝性原理」——

初重四句：一法攝一入一、一法攝一切入一切、一法攝一切入一；

二重四句：一切攝一入一、一切攝一切入一切、一切攝一入一切、一切攝一切入一。

如此觀諸萬法，則森羅萬法，旁通統貫，燦麗萬千、相攝無礙，一體俱化，構成事事無礙的圓滿一真法界，此即為《華嚴經》中「海印三昧」（佛陀自內證境界）盡過現未之一切萬有，無不一一清晰卻又互攝映現的的圓融境界。

華嚴宗又以四法界來分別「小、始、終、頓、圓」等五教，即：

（一）「小乘教」，此教僅闡明差別之事法，而未立真如之理，故屬於「事法界」。

（二）「大乘始教」，復分為二：

A.「相始教」：此教但攝真如於百法中之六無為，故亦屬於「事法界」。

B.「空始教」：此教專說平等之空理，故屬於「理法界」。

（三）「大乘終教」：此教立真如之隨緣不變，故屬於「理事無礙法界」。

（四）「頓教」：此教立「離言真如，速疾頓悟」之法門，故亦屬於「理法界」。

（五）「圓教」：此教宣說法界緣起事事無礙，故屬於「事事無礙法界」。

六相圓融

六相圓融，又稱「六相緣起」，意指六相互為圓融而不相礙。六相即「總相」、「別相」、「同相」、「異相」、「成相」、「壞相」，華嚴宗以此六相之說為基礎，而立六相圓融，即：諸法皆具此六相而互不相礙，全體與部分、部分與全體皆一體化，圓融無礙。

六相之關係可分為體、相、用來說——

「總相、別相」是從同一事物的兩面做分析，說明事物的整體性與部分性的關係，總、別二相是緣起之體德。

「同相、異相」是從事物的部分及構成要素做分析，為闡說事物要素間的同一性與差別性的關係，同、異二相是緣起之異相。

「成相、壞相」是從事物構成要素間的差異性立場，為說明其要素間之變動性與穩定性的關係，成、壞二相是緣起之義用。

此六相可用瓦磚木石等建材與房屋之間的關係為喻——

一、總相：如將瓦磚木石等建材組合起來，而成一屋。

二、別相：如一屋中的瓦磚木石建材等，各自的性質有所不同。

三、同相：瓦磚木石等建材雖各自不同，但能互相組合，而成為一屋。

四、異相：雖合成為一屋，但磚瓦木石仍保有其各自的性質乃至形狀。
五、成相：瓦磚木石，有互相成就之性，可被造成一屋。
六、壞相：瓦磚木石雖可成為一體，但仍可因各種因素而解體，此屋便呈壞相。

法藏大師則是曾以殿前之「金獅子」為喻，為武則天與諸臣民說明六相之義理：

整座金獅子是「總相」，眼、耳等部分之差別是「別相」。眼、耳等同一緣起形成獅子是「同相」；眼、耳等各不相同是「異相」。眼、耳等諸根和合而成獅子是「成相」；眼、耳等各自獨立而不和合為獅子是「壞相」。

「總、同、成」三相，指全體、整體；「別、異、壞」三相，為部分、片斷。前三相也指無差別，後三相則指差別。無差別與差別，相即相入，圓融無礙；離總無別，離同無異，離成無壞；總即別，別即總；同即異，異即同；成即壞，壞即成。

另據《五教章通路記・卷二十七》載，緣起法有圓融與行布（差別）之二大義，其中「總、同、成」三相屬圓融門（三相圓融）；「別、異、壞」三相屬行布門（三相行布）。六相圓融就是在闡述，「總、同、成」三相是在表現其無差別性，「別、異、壞」三相則是在表現其差別性，任何事物之形成皆具有此二性；而差別與無差別又是相對，即相依又不離，互為存在的，差別中有無差別，無差別中有差別，兩相含攝，圓融自在。

華嚴十玄門

十玄門又稱十玄緣起。全稱十玄緣起無礙法門，或作華嚴一乘十玄門、一乘十玄門，單稱十玄，藉以表示法界中事事無礙法界之相；通此義，則可入華嚴大經之玄海，故稱玄門。

在《華嚴宗》的法界觀探源中，有智儼的「古十玄」、法藏的「新十玄」之區分，而有新、古十玄之異同。

智儼繼承杜順大師之說，撰《華嚴一乘十玄門》一書，提出古十玄：

一、同時具足相應門　二、因陀羅網境界門
三、祕密隱顯俱成門　四、微細相容安立門
五、十世隔法異成門　六、諸藏純雜具德門
七、一多相容不同門　八、諸法相即自在門
九、唯心迴轉善成門　十、託事顯法生解門

智儼大師以此「十玄門」為方便，闡明《華嚴經》中所謂「重重無盡」之「法界緣起」境界，實有「一即一切，無過不離，無法不同」之妙，可說是善巧中之善巧。到了法藏時，傳承師說，又創新立說；從「十玄門」的更替，即可一窺其蛻變。

一、同時具足相應門：

一切諸法，除了在空間上彼此相關外，在時間上亦是同時相應，圓滿具足，互為緣起；一與多互為一體，無先後之別。十方世界總為一大緣起，動一塵，則全體無不受影響；一切諸法，任舉一法皆具一切性，「如海水一滴，具百川之味」。（澄觀：《華嚴經隨疏演義鈔》）

因為，以緣起諸法究極意義來說，無一法不是屬於緣起的範圍，對於一切諸法，都能同時同處、「相應無先後」，為一大緣起而存在，如此便能將無窮的差別世界，構成一完整和諧的系統。此一門為事事無礙法界之總相，其餘九門皆此門的進一步分析。

二、廣狹自在無礙門：

智儼大師將此門名為「諸藏純雜具德門」，法藏改之。

空間廣狹之對立似為相互矛盾，然其對立之矛盾正可為相即相入之媒介，故自在圓融而無礙。

廣狹是就事相而言，從事的角度說明無礙；若以「一行」及「一切行」來說，則一行是「狹」，一切行為是「廣」。狹中含有廣，一體無礙自在，「如一尺之鏡，含千里影」；反過來說，一行的「狹」入於一切行的「廣」中。

換言之，一法緣起一切法，一法的作用力不斷地發揮是沒有界限的，此即是廣；守一法的分位而不失掉它的本位為狹；如此有限即無限，無限亦有限。

三、一多相容不同門：

有關諸法現象之作用（用），有「一中之多、多中之一」之相入說。即一具多，多相容一，一多相入無礙；然其體不同，不失一多之相。

這一門是從宇宙萬法的相互攝入的關係上來講。吾人所處的世界具有無窮的差別現象，面對這些差別相，我們可以設定某一觀點為基礎，但不能抹煞其餘無窮豐富的事物也應該涵蘊於其中。任舉一物時，必將產生互攝關係：一入一切、一切入一，一攝一切、一切攝一，「如一室千燭，光光相攝」，但又「一多歷然而不混，互相容涉而無礙」。

四、**諸法相即自在門**：

有關現象之體，一與一切互為空、有，兩者相融互攝而自在無礙。

亦即，雖然諸法皆有其差別相，但皆是緣起性空。在法界一大緣起之中，無窮的諸法可以從無窮的關係結構中，彼此相即，「如金與金色不相捨離」，一即一切，一切即一，自在無礙。

五、隱密顯了俱成門：

隱密為裡，顯了為表。在諸法的相即相入關係中，若一法為裡，則其他諸法為表，「如鑄金馬獅，互為隱顯」，表裡一體無礙而成法界緣起。

另言之，從緣起的立場來說，由於事物的相互涵攝，才會產生互相顯隱的關係；顯與隱就存在表裡或正反的關係內，顯隱同時對稱而無礙。

六、微細相容安立門：

就緣起之現象說相入之理時，特別著眼於不壞自相之點。即於每一現象中，以小入大、以一攝多，大小相互為不亂，不壞一多之相，而秩序整然。

換言之，由於諸法相即相入，所以大入於小，多入於一，亦能大小、一多不相壞，而各個秩序整然，「如瓶盛芥子，炳然齊現」。因彼此各不壞相，故曰「相容」；因不壞相而各安其位，而言「安立」。

七、因陀羅網法界門：

此門乃是以掛在帝釋天（因陀羅，梵語 Indra）宮殿中的珠網為喻，來形容森羅萬象一一互相顯發、重重無盡，亦即事事無礙法界的相攝無盡。

如四祖澄觀大師《演義鈔》中所言：

如天帝殿珠網覆上，一明珠內萬象俱現，珠珠皆爾；此珠明徹，互相現影，影復現影而無窮盡。

帝網上有無量寶珠，相互映照，珠珠相攝，重重交光，舉一目則收全體，有如諸法重重無盡地相即相入，圓融無礙。

八、託事顯法生解門：

法界無盡緣起的奧義，雖難以思議，卻又能在最平凡的世間諸法中展現出來，此即「託事顯法」。

「事事無礙」並非抽象的理論或想像，在日常的諸般現象裡，便可體會到無盡緣起的道理，隨託一事，便能彰顯一切事法，「如擎拳豎臂，觸處皆道」。

九、十世隔法異成門：

「十世」意指「過去」的過現未、「現在」的過現未、「未來」的過現未，加上攝此九世的一念，即為十世。此十世各別，故云「隔法」，相即相入卻又不失差別相，則言「異成」。

亦即將時間展開來成為無窮，使整個時間的區隔消解，形成圓融無礙的妙用，「百千大劫為一念，一念則為百千大劫」，「如一夕之夢，翱翔百年」，諸法之時間相亦是相即相入而無礙。

十、主伴圓明具德門：

宇宙森羅萬象，為法界一大無盡緣起；隨拈一法，不得孤起；任舉一法，均為全法界，以一法為主，則其他諸法為伴，「如淨空明月，近遠炳現」。主伴相依相成，一切諸法自身皆是絕對地全部顯現，但又不壞差別地互融無礙。如此互為主伴，具足一切德。

對比古、新十玄，二者的差異是，法藏將「諸藏純雜具德門」改成「廣狹無礙自在門」；另外將智儼「唯心迴轉善成門」改成「主伴圓明具德門」。為何要改此二門呢？

澄觀《大方廣佛華嚴經隨疏演義鈔》為法藏大師提出解釋：

> 一行純，萬行為雜，即事事無礙義；若一理為純，萬行為雜，即事理無礙。恐濫事理無礙義，所以改之。

因為「恐濫事理無礙義」，所以法藏大師才修改。而「廣狹無礙自在門」已具有「事事無礙」的法界觀，小可以容大，廣狹可以無礙而不壞本位。由此門之更改可知，法藏已將此門從「理事無礙」提升至「事事無礙」的層次了。至於「唯心迴轉善成門」，則是因其只顯示諸法無礙之理由（心），而沒有顯示諸法無礙之相，故改為「主伴圓明具德門」。

以上便是對「十玄」思想的粗略說明。其雖將事事無礙法界從十個層面予以闡釋，但此「十」並非一絕對固定的數字。在《華嚴經》及其論疏的「一」與「十」，皆是象徵無盡緣起構成的圓滿，並不能視為一般固定的數字。「一」、「十」具有「無量無盡」、「全一」、「圓融」等意涵，在十玄門中隨取一門，即具十門，十十互乘則具百，百百互乘則成萬，如此重重無盡，表徵出法界緣起的無窮無盡，亦充分彰顯了事事無礙法界的無盡性。

【註釋】

註一：整理自證嚴法師《菩提心要》第四九二集，〈《無量義經》楔子——追本溯源〉，二〇〇八年七月十五日靜思晨語。

註二：三昧，梵語samadhi之音譯，亦譯為三摩地，一般意指等持、正定等，為心定於一處而不散亂的狀態。華嚴三昧則是指理、智無二，交徹鎔融無礙；彼此俱亡，能所斯絕之意。其為供佛、教化、十度等行法所依之定，此定以一真法界無盡緣起為理趣，為達到此理趣而修萬行，莊嚴佛果。故此定又名佛華嚴三昧、華嚴定、佛華三昧。

註三：遍計所執性，由凡夫之妄執認為實物者。凡夫之妄情，遍計度一切法，故曰「遍計」。為此遍計之妄情所迷執者，謂之所執性；例如，見繩而誤以為蛇，非有蛇之實體。但妄情迷執為蛇耳。是曰「遍計所執性」。吾人於內外認實我、執實法亦如此。有為之萬法，為因緣假和合之法，無一實我，無一實法，但自妄情計度而迷執為我、為法，因而指實我、實法，謂之遍計所執性；是但由妄情而存，不能離妄情而有者。

註四：圓成實性，圓滿成就之真實性也；亦曰法性，亦曰真如，是一切有為法體性也，恰如繩之實性為蔴。

此有二義：謂此法性隨緣，為依他起性者，為「實大乘」之義。謂此法性為所依，而依他起性成立者，為「權大乘」之義。

然而，此三性中，遍計所執性為妄有，依他起性為假有，圓成實性為實有；又，遍計所執性為實無，依他起性為似有，圓成實性為真有。

註五：引用自俞懿嫻〈華嚴五教止觀哲理探〉，華梵大學《第六次儒佛會通學術研討會論文集（上冊）》，二〇〇二年七月。王春艷〈《華嚴五教止觀》的止觀思想〉，《宜春學院學報》第三八卷，第一期，二〇一六年一月。

參・宋代至當代華嚴宗

不讀《楞嚴》，不知修心迷悟之關鍵；不讀《法華》，不知如來救世之苦心；不讀《華嚴》，不知佛家之富貴。

華嚴宗於唐代開枝散葉，傳承至今，仍有傳人傳承香火至臺灣，宣揚《華嚴經》與華嚴宗教理。日本及韓國，亦有華嚴高僧與道場傳承。

以下，便簡介宋代後之華嚴宗法脈傳承、以及宣揚華嚴宗之高僧，還有華嚴宗的知名道場；除了略述日本及韓國之華嚴宗，猶重華嚴宗於臺灣之發展。

宋代至民初之著名法脈

長水子璿（西元九六五至一〇三八年）

子璿法師，生於宋太祖乾德三年，俗姓鄭，號東平，秀州人（今浙江嘉興一帶），別號子璇、長水大師、長水尊者。

九歲出家，依普慧寺契宗法師受業，持誦《楞嚴經》不斷。十三歲受具足戒，初從秀州洪敏法師學習華嚴經教。

當時禪宗盛行，聽聞瑯邪慧覺禪師道重當世，於是便往投座下，正好遇上慧覺禪師上堂。他便提問道：「清淨本然，云何忽生山河大地？」

慧覺禪師反問：「清淨本然，云何忽生山河大地？」

子璿當下頓悟，曰：「願侍巾瓶（我願意侍奉和尚）。」

慧覺禪師說：「汝宗（指華嚴宗）不振久矣，宜厲志扶持，報佛恩德，勿以殊宗為介也。」之後，他便長住長水，以講經為主，專授《華嚴》、《楞嚴》。

主要作品包括：

《首楞嚴義疏注經》二十卷
《首楞嚴經科》二卷
《金剛般若經纂要科》一卷
《大乘起信論筆削記》二十卷
主要弟子為晉水淨源。

晉水淨源（西元一〇一一至一〇八八年）

淨源法師，生於北宋大中祥符四年，俗姓楊，字伯長，泉州晉江縣（今福建泉州晉江）人，人稱晉水法師或晉水沙門。

早年在五臺山受具足戒，拜師承遷學習《華嚴經》；後學於明覃門下，之後又向子璿學習《楞嚴經》、《圓覺經》和《大乘起信論》。

宋神宗時期，為錢塘慧因寺住持。時門下有高麗僧義天（高麗王之子），由他之請，高麗遣使贈送之前遺失的《華嚴經》三種譯本（六十華嚴、八十華嚴、四十華嚴），淨源遂建大閣安奉經典，慧因教院因此被稱「高麗寺」。淨源亦被譽為華嚴宗於北宋的中興之祖。

主要作品包括：

《華嚴妄盡還源觀疏鈔補解》

《華嚴原人論發微錄》

《華嚴經疏注》一百二十卷（澄觀述、淨源錄疏注經）

《華嚴經義海百門》一卷（法藏述、淨源刊訂）

《華嚴還源觀科》一卷（淨源刊正）

主要弟子為高麗僧義天。

伯亭續法（西元一六四一至一七二八年）

續法法師，出生於明崇禎十四年，俗姓沈，字伯亭，號灌頂，又名成法，浙江仁和（今杭州）人。九歲從學於杭州天竺山慈雲寺明源，十九歲受具足戒，二十歲習講經，歷時七年。受明源付囑，為雲棲袾宏五世之法孫。師遍研諸經，融會眾說，不拘泥一端。

主要作品包括：

《華嚴鏡燈章》一卷

《觀無量壽經直指疏》二卷

《觀自在菩薩如意心陀羅尼經略疏》二卷

《賢首五教儀》六卷

《賢首五教儀開蒙》一卷

《賢首五教斷證三覺揀濫圖》一卷以及《圓覺析義疏》、《華嚴佛祖傳》等六百餘卷。弟子包括傳法弟子二十餘人，以培豐、慈裔、正中、天懷四師最為著名。

月霞法師（西元一八五八至一九一七年）

月霞法師，生於清咸豐八年，俗姓胡，名顯珠，字月霞，湖北黃岡人。十七歲在南京大鐘寺出家，為常州天寧寺治開和尚之法嗣，先後親近了塵和尚、赤山老人。初學天台宗，後改習華嚴宗，對杜順之法界觀、法藏及澄觀之章疏甚有研究。

曾就聘金陵祇洹精舍教席，復於江蘇、湖北等地開創僧伽教育會，從事僧伽師範教育。民國三年（西元一九一四年）創建華嚴大學，後又赴北京創辦大乘講習所。

作品包括《楞嚴經講義》、《維摩詰經講義》。

主要弟子為釋智光。

智光法師（西元一八八九至一九六三年）

智光法師，法諱彌性，號以心，別號仁先；受焦山記莂後，法名文覺，號智光。江蘇泰縣孫氏子，生於光緒十五年五月二十五日。夙具善根，十三歲依宏開寺玉成和尚剃染，十七歲詣寶華山皓月老和尚座下受具。光緒三十四年（西元一九〇八年），石棣楊居士創祇洹精舍於南京，負笈從之，與仁山、太虛二尊宿同學。

宣統三年（西元一九一一年），與仁山、太虛二位尊宿發起佛教革新運動。

民國二年（西元一九一三年）回泰縣，創儒釋初高小學，出家青年有新思想者從之，得弟子南亭，後亦為當代大德，且隨侍終身焉。

和尚猶以所學未充，志在深造。民國三年，月霞大師傳賢首宗旨，方主上海華嚴大學講席，乃往就讀，從月霞法師研習《華嚴經》，與妙闊、慈舟、戒塵、了塵、持松、常惺、靄亭等法師同學。此後數年追隨月霞輾轉在杭州、常州等地講經，深入賢首奧義。民國十二年，在焦山定慧寺先任監院，後任住持。民國二十三年創辦焦山佛學院。

民國三十八年至臺灣，初寓十普寺，後被弟子南亭接至華嚴蓮社，常開講《華嚴》等大乘諸經，並三次舉辦面向全臺傳戒。發起臺灣華嚴供會，籌募獎學基金，濟助失學青少年，因而歸向佛法者數千人。

於民國五十二年三月十四日化去，世壽七十有五，戒臘五十八，法臘四十一。翌日入龕，周身柔軟如生，頭頂猶溫。

南亭法師（西元一九〇〇至一九八二年）

南亭法師，江蘇泰縣人，俗姓吉。十歲出家，師事文心、智光二老。二十一歲受戒，二十五歲赴安慶，依止常惺法師。民國十六年（西元一九二七年）起，往來滬、常、鎮、錫各寺，宣講《華嚴》、《維摩》等經。民國二十年，於光孝寺創設佛學研究社。

民國三十八，侍智光老和尚至臺灣。嘗於臺北、臺中講《心經》、《金剛經》等。章嘉大師理中國佛教會時，兩度出祕書長，並屢膺常務理監事。民國四十年，創建華嚴蓮社，經常演講大乘經論，惟以《華嚴》為主，皈依信徒以萬計。法師除常主持護國法會外，並率團弘法，籌印大藏經，成績斐然。於臺灣民本電臺闢「佛教之聲」節目，弘揚佛法。

民國五十三年，和星雲、悟一法師共同創辦智光高級商工職校。民國六十四年成立華嚴專宗學院。民國六十八年，擴建桃園僑愛佛堂，並創辦花嚴僑愛兒童村。

於民國七十一年九月三日安詳示寂，世壽八十三，塔於新北市八里區觀音山左麓。著有《心經講義》、《阿彌陀經》、《妙慧童女經》、《十善業道經》、《佛說孛經抄》、《永嘉大師證道歌》、《釋教三字經》等講話以及《仁王護國經解》等，並曾輯印《常惺法師集》。

弘揚華嚴思想之其他高僧

廣智本嵩

本嵩法師，出生年不詳，河南開封人，人稱「廣智大師」、「本嵩律師」。法嗣慧林圓照法師，初學華嚴，後參禪宗，於宋神宗元豐六、七年間（西元一

○八三至一○八四年）隱居嵩山。哲宗元祐三年（西元一○八八年），宰相張商英（字天覺，號無盡居士）延請入京，弘揚華嚴法界觀。

著作有：《華嚴法界觀門通玄記》三卷、《註華嚴經題法界觀門頌》（《華嚴七字經題法界觀三十門頌》）二卷。

圓通道㲀（西元一○五六至一一一四年）

道㲀法師，生於遼道宗耶律洪基清寧二年。宣揚華嚴義理、禪宗三門（見性、安心、發行）和準提密法。

著作有：《顯密圓通成佛心要集》二卷、《鏡心錄》、《供佛利生儀》一卷。

能仁義和

能仁義和，籍貫不詳，生卒年不詳。住平江能仁寺，提倡華嚴圓融念佛法門。南宋乾道元年（西元一一六五年），於臨安府慧因院撰《華嚴念佛三昧無盡燈》一卷，嘗受賜「圓澄法師」之號。

一行慧覺（？至西元一三一二年）

慧覺法師，出生年不詳，西夏僧侶，通曉漢傳和藏傳佛教，主張「顯密並行」。出身為西夏「顯官」後裔，早期從事「密法」；後來向行育大師求學，跟隨龍川行育參加大藏經編纂工作。

最終回到西夏的故鄉弘揚佛法。西夏滅亡後，元代時受到統治者重用，被提升為洛陽白馬寺（元代稱「釋源」）宗主職位，賜「護法國師」之號，對元代佛教的發展貢獻極大。

編有《大方廣佛華嚴經海印道場十重行願常遍禮懺悔儀》。

蒼山普瑞

普瑞法師，生卒年不詳，師承皎淵本月，活躍於昆明和大理南詔地區，以「華嚴為業」，參學南宗禪。

著作包括《華嚴懸談會玄記》、註解《華嚴經海印道場懺儀》。

憨山德清（西元一五四六至一六二三年）

德清法師，生於明世宗嘉靖二十五年，俗姓蔡，字澄印，號憨山，南直隸全椒（今安徽）人，法號德清，謚弘覺禪師，又稱全椒憨山。

幼年懷出家之志，十一歲時至報恩寺西林永寧法師門下，誦習佛經，兼通儒學、道家。

十九歲時謁見棲霞山雲谷法會禪師，讀《中峰廣錄》，決心參禪，返回報恩寺剃髮出家。因讀《華嚴玄談》，崇拜清涼澄觀法師為人，自字澄印。

主要作品包括：

《華嚴法界境》一卷　《楞嚴通義》十卷
《法華通義》七卷　《觀楞伽記》四卷
《肇論略注》三卷　《憨山緒論》一卷
《楞伽補遺》二卷　《華嚴經綱要》八十卷
《法華擊節》二卷　《大乘起信論疏略》四卷
《曹溪通誌》四卷　《大佛頂首楞嚴經通議》
《楞伽筆記》　《華嚴綱要》
《楞嚴懸鏡》　《法華擊節》
《楞嚴經、法華經通義》　《起信唯識解》

門人收集他的著作，編為《憨山老人夢遊集》共五十五卷。

雲棲袾宏（西元一五三五至一六一五年）

袾宏法師，生於明嘉靖十四年，俗姓沈，法名袾宏，字佛慧，法號蓮池，浙江仁和（今杭州市）人，人稱蓮池大師；又因常居雲棲寺，常稱為雲棲蓮池或雲棲袾宏。中國佛教淨土宗第八代祖師，以淨土為中心融合華嚴與淨土。

主要作品包括《自知錄》、《竹窗隨筆》、《緇門崇行錄》等。

華嚴宗知名道場

終南山與至相寺

終南山，位於陝西長安縣西向二十九公里處，一般指秦嶺山脈中段陝西省境內，西起武功縣，東到藍田縣的部分。又稱中南山、太乙山、地肺山，略稱「南山」。

此山命名，最早見於《詩經．秦風．終南》：「終南何有？有條有梅。君子至止，錦衣狐裘。顏如渥丹，其君也哉！終南何有？有紀有堂。君子至止，黻衣繡裳。佩玉將將，壽考不亡！」

因其地理位置臨近長安，常成為宗教發祥地，例如佛教南山律宗的發祥地；同時，華嚴宗亦和終南山至相寺亦有很深的淵源。

至相寺為隋初彭淵法師創建，其一生弘揚《華嚴》。彭淵法師（西元五四四至六一一年），京兆武功人，俗姓趙，年十三出家。北周毀佛時，乃剜眼以供養。通習群經，一聞無墜。常住山安禪，不涉尼寺市廛。北周法難開始，應普安法師力邀，入終南山共創寺宇，名至相寺。

嗣後有智正法師仰慕彭淵之風，來住此寺二十八年。其後有智儼住於本寺，從法琳、智正學《華嚴》，為中國華嚴宗第二祖，世號至相大師。「至相」之名遂因智儼而著名。

華嚴開宗至今千餘年，自初祖杜順、二祖智儼至今，至相寺可稱為是華嚴宗的根本道場。

華嚴宗祖庭華嚴寺

華嚴寺位於今西安城東南二十五里的樊川少陵原，為華嚴宗祖庭。

華嚴寺建於唐太宗貞觀年間。據《長安志》所載，唐代華嚴寺內東閣法堂、會聖院、澄襟院、真如塔院等建築從南至北依次而建，規模非常宏大，以宗奉《華嚴經》而得名。

華嚴寺內曾有東閣法堂、會聖院及初祖杜順法師靈塔、二祖智儼法師靈塔、三祖賢首法師靈塔、四祖澄觀法師靈塔、五祖宗密法師靈塔和真如塔等建築。後歷經宋、金、元、明等朝代，雖多次修葺，但因遭遇多次塬體滑坡而漸趨荒落。特別是清乾隆年間的一次大崩塌，使寺內殿宇全毀。現原寺舊址有華嚴五位祖師塔（今僅存初祖杜順和尚塔和四祖清涼國師塔），故華嚴宗即以華嚴寺為祖庭。

五臺山與華嚴行者

五臺山位於山西省忻州市五臺縣。包括東臺望海峰、南臺錦銹峰、中臺翠岩峰、西臺掛月峰、北臺葉斗峰五座山，頂無林木而平坦寬闊，猶如疊土之臺，故稱「五臺山」。

《華嚴經·菩薩住處品》載：

東北方有菩薩住處，名「清涼」，過去諸菩薩常於中住。彼現有菩薩，名文殊師利，有一萬菩薩眷屬，常為說法。

因五臺山地勢高巍，氣溫較低，又被稱做「清涼山」；或因此之故，自古以來便被尊為文殊菩薩示現的道場。

與《華嚴》有關的行者，有北魏僧靈辯（西元四七七至五二二年），持誦《華嚴》多載。為求文殊菩薩加持，開悟經義，於是頂戴此經，經行於臺頂，及至足破血流，改以膝行。某日，偶遇一僧，開示靈辯：「你暫且停止行道，用心思惟經義。」靈辯於是閱經，隨文自悟。熙平元年（西元五一六年），於五臺山清涼寺撰《華嚴論》，至神龜三年（西元五二〇年），完成十帙百卷。

唐高宗弘道元年（公元六八三年），有終南山至相寺的通賢法師及玄爽、房玄德二居士同詣五臺，於童子寺請得此論，持返長安，廣為流通。

據釋續法輯《法界宗五祖略記．三祖賢首國師》所載，唐中宗景龍二年（西元七〇八年），華嚴宗三祖法藏，受到中宗禮請為菩薩戒師，賜號「國一法師」。師因「萬乘歸心，八紘延首」，遂奏請於東、西兩都及吳、越、清涼山五處起寺，興建「大華嚴寺」，均榜華嚴之號。

唐代宗大曆十一年（西元七七六年），華嚴宗四祖澄觀登五臺，禮文殊菩薩後，又至四川峨眉山禮普賢菩薩，而後重返五臺山，駐錫大華嚴寺，撰《大方廣佛華嚴經疏》，於西元七八七年十二月，完成六十卷大疏。今顯通寺山門的對聯：「冥真體於萬化之域，顯德相於重玄之門」、即澄觀大師〈華嚴經疏序〉的文句。

顯通寺建有文殊殿，供奉文殊菩薩。另「無量殿」以《華嚴經》為主，又稱「七處八會」殿，供奉毗盧遮那如來。五臺山與華嚴宗淵源深厚，於此可知一斑。

臺灣華嚴宗之發展

華嚴宗在臺灣的傳弘，主要以華嚴蓮社以及新北市樹林福慧寺、南投鹿谷大華嚴寺兩座道場為根據。

華嚴蓮社

在臺灣最能代表華嚴宗派者，首推華嚴蓮社，由智光法師與弟子南亭法師所創立。

華嚴蓮社於民國四十一年十二月二十一日在臺北市創立，以宣揚佛陀教義，淨化社會人心，護國利生為宗旨。為臺灣少數以華嚴專修、專研、專弘的道場，教界、學界皆一致肯定為當今「專宗華嚴」推廣的中流砥柱。

至於華嚴蓮社的發展情況，據蓮社網頁的資料，予以整理如下——

一、弘法

（一）弘揚佛教傳統精神：

華嚴蓮社為臺灣少數以華嚴專修、專研、專弘的道場，其共修法會也表現出十足的華嚴特色。在道場共修上，華嚴蓮社在道場共修方面，計有華嚴誦經會、禮懺會、華嚴佛七及其他特定法會。

（1）華嚴誦經會

蓮社自成立以來，即定於每年農曆三月初一至十日及九月初一至十日，一年兩次集聚信徒舉行華嚴誦經法會。同時並於每月第一、第三星期日，舉行共修會，諷誦《華嚴經》，藉共修功德，莊嚴佛土，成就眾生。

（2）禮懺會

蓮社自成立以來，即定期於每月第二個星期日禮拜三昧水懺，第四個星期日禮拜藥師寶懺，如逢第五個星期日則禮拜大悲懺，集聚信徒禮懺，藉以向諸佛、菩薩懺悔，蠲除災障，增長福慧，圓成善根。

（3）華嚴佛七

蓮社每年農曆十一月二十二日至二十八日，舉行華嚴佛七，為國內獨樹一格的共修法會。從清晨五時至夜晚八時，繞佛時稱念「大方廣佛華嚴經華嚴海會佛菩薩」。

（4）其他法會

除了上述特定的共修法會之外，蓮社尚有各項法會，可參閱其網頁。

（二）空中弘法：

民國三十九年起，南亭和尚即於民本電臺開啟臺灣第一次空中弘法，民國七十六年起由賢度法師續講《華嚴經》，至今長達七十餘年不斷。民國九十年起，賢度法師從事電視弘法《華嚴經》講座課程，製作空中佛學院節目，對廣大媒體信眾播放。

（三）國際弘法交流：

蓮社自開山智光老和尚至現今賢度法師歷任董事長，均為學識涵養豐富，享譽國內外專研《華嚴經》的法師，常有海外人士前來請教，或受邀至國外弘揚華嚴教義，均帶動各地學習華嚴的熱潮。賢度法師重視運用現代科技設備並培養高知識教學人才，發揮道場弘化的最大功能，以達醒世利人的意義。

二、興辦教育培養社會技職人才及佛教精英

（一）社會教育：

民國五十四年初，為響應政府國民義務教育延長，南亭老和尚創智光高級

商工職業學校。民國五十九年附設高級商工職業補習學校。

（二）佛教僧伽教育：

民國六十四年，南亭老和尚法孫成一法師（西元一九一四至二〇一一年）創辦華嚴專宗學院。課程以講授華嚴大教及其相關經論為主課，同時將文、史、哲學列為輔佐學科，以及其他諸宗義理，包括法相、天台、般若、禪、淨、律、密等。

（三）佛學推廣教育：

自民國九十九年研究所增設「選修生」，接引各大專院校生，並成立推廣部以接引社會大眾。民國一〇二年與華梵大學合作開設碩士學分班，認證華嚴專宗研究所學程規畫中的十二個學分，研究生四年內即可同時完成教育部認可的碩士學位。民國一〇三年成立「國際華嚴研究中心」。

（四）國際學術交流合作：

華嚴專宗學院積極開辦各項華嚴專題論壇，開啟與推動國內外華嚴學術研究之風潮。

（五）出版事業：

《萬行月刊》雜誌創刊於民國七十四年元月，原以報紙形式發行十餘年；至民國八十五年改以裝訂成冊共計四十四頁；於民國九十三年四月起，改為雙月刊發行。內容闢有「社論」、「法輪常轉」、「菩提園地」、「學院園地」、「大專青年園地」、「人間道場」及「法海波瀾」等單元，對宣揚佛法及華嚴教義，影響非凡。

三、僑愛佛教講堂

除了臺北市的華嚴蓮社以外，其分支道場係位於桃園大溪區的「僑愛佛教講堂」，創辦人為成一長老。

僑愛佛教講堂以弘法、教育、文化、公益等四大方針為主。將其中社會公益分為：信眾關懷、急難救助、獎助學金、慈善捐款等主要工作項目，接引社會大眾積極參與佛教利生事業。

四、海外弘教

（一）美國華嚴蓮社

民國七十四年七月，旅美佛教學者蔡樹強、胡憲文等人，邀請現任臺北華嚴蓮社董事長成一法師赴美，在加州聖荷西市成立華嚴佛教會，並命名會為美國華嚴蓮社。

（二）海安觀音禪寺

海安觀音禪寺，泰州（位於今江蘇省泰州市海陵區）東南向之古佛剎。寺之歷史，始創年代，無從稽考。清末民初間，住持僧某，不善經營，致殿宇佛像殘破不堪。地方紳領，仰曲塘宏開寺玉成尊宿德望，禮聘之出任住持，玉公感而勉應之。

禪寺於第二次世界大戰期間毀於兵火，寺殿佛像蕩然無存。至民國七十九年，成一和尚再返故里；為報佛祖恩德，思念祖庭，及紀念先賢，捐資復建觀音禪寺。自民國八十四年十月至八十六年十月，歷時兩年，按原有格局復建完工，恢復原貌。中國大陸當局宗教開放後，成一法師定期回寺舉行法會。

（三）泰州光孝律寺

泰州光孝律寺創建於東晉熙年間（西元四〇五至五一八年），由高僧覺禪開山，距今已有一千六百年的歷史。

宋朝時，光孝寺發展達到高峰，北宋崇寧二年（西元一一〇三年），徽宗賜名「崇寧萬壽寺」；政和元年（西元一一一一年）復改名「天寧萬壽寺」，並賜田五千畝。南宋紹興八年（西元一一三八年），高宗為超薦先皇徽、欽二帝亡靈，於寺中設法會道場，同時賜名「報恩光孝禪寺」，光孝寺之名從此固定下來。

之後幾度興廢的光孝寺，到了清乾隆九年（西元一七四四年），有僧性慧自寶華山來任住持，改禪為律，稱「光孝律寺」。

民國五十三年（西元一九六四年），南亭老和尚聞悉其所住持的泰州光孝寺遭到破壞，心痛不已；為將來修復計籌，特授時任華嚴蓮社董事長之成一法師以泰縣光孝寺記莂，並囑劫後修復光孝寺。

成一長老受光孝寺前住持南亭老和尚傳法囑託，為其完成遺願，於原址恢復舊觀；後由弘法法師出掌光孝律寺法席，並傳法予其弟子法空。

二〇一〇年三月二十八日，法空法師接任住持，成公長老開示傳法後，將來亦選賢能而傳付之，使佛燈永續，僧海澄清，正法隆昌。（註一）

新北樹林福慧寺

慧三長老（西元一九〇一至一九八六年）師從常惺、應慈法師，創「樹林福慧寺」，為臺灣「華嚴宗（賢首宗）」兼「慈恩宗（法相宗）」祖庭，傳承兩宗法脈，也是漢傳唐密「穢跡金剛法」根本道場。

慧三長老，法名思元，字慧三。十七歲拜蓮舟清池老和尚，剃度於天津東南城角清修院。先後親近諦閑、圓瑛、太虛、慈舟等諸大德明師，示禪教律，徹悟佛法心要。二十七歲，受北京崇壽寺岫明老和尚傳法「賢首宗」兼「慈恩宗」法脈，升任崇壽寺住持，翌年又接任廣善寺住持。慧三長老為「賢首宗」兼「慈恩宗」第四十代祖師，並傳承北京派穢跡金剛法脈。

慧三長老來臺後，於民國四十四年（西元一九五五年）駐錫今新北市樹林區，開始興建福慧寺。因鑑於北平廣善寺祖庭已難匡復，遂定福慧寺為賢首宗祖庭，並為漢傳唐密「穢跡金剛法」根本道場。

南投大華嚴寺

據大華嚴寺全球資訊網資料所載，華嚴法脈自五祖下傳至第二十五世高原明昱祖師起，兼傳慈恩宗。西元二〇〇八年，海雲繼夢法師自第四十一世樹林福慧寺敬緣欽因祖師承接賢首兼慈恩宗法脈，成為賢首宗第四十二代祖師。

海雲繼夢法師師從夢參、欽因等法師，於南投縣鹿谷鄉創「大華嚴寺」。

本宗原為賢首宗，皆源出逍遙園（今之西安終南山畔草堂寺）；至元朝至正十二年（西元一三五二年），勒石銘記草堂寺。本宗傳承二十二代以後，至明代以降分為四大派系；其中兩派稱「華嚴宗」，遠追初祖杜順起算，在江南地區弘法；另兩派則稱「賢首宗」，以賢首國師之著述及思想之偉大成就尊為初祖。

本宗自高原明昱兼弘慈恩思想，史稱「高原系」，如是輾轉至北京拈花寺、廣善寺、臺灣新北市樹林區的福慧寺，再傳大華嚴寺。因背景森羅、恐不便弘傳，因之統名「普賢乘華嚴宗」；如是重新定義命名，以符傳法、弘法之本懷。

日本華嚴宗

唐代道璇律師於開元二十四年（西元七三六年，日本天平八年），齎《華嚴宗章疏》入日本。新羅之審祥法師往大唐，從賢首法藏學《華嚴經》，後至日本，住於大安寺。其日本徒弟良弁（西元六八九至七七四年）開始了日本華嚴宗傳承，日本始有華嚴宗。日本華嚴宗大本山為奈良東大寺。

審祥法師，日本華嚴宗初祖（？至西元七四二年），唐代新羅國人。早年出家，曾來中國從賢首法藏大師學《華嚴》。日本天平（西元七二九至七四九年）期間赴日本，住於大安寺。

其時，金鐘寺之良弁法師，欲興華嚴宗；偶於夢中感知元興寺之嚴智法師精通《華嚴經》，即往請弘講《華嚴》。嚴智則推薦審祥法師，並謂其為賢首大師之高足，包蘊宗乘，心亦契之，可往請敷講《華嚴經》。良弁法師乃赴大安寺，惟三請不起，遂上奏敕請審祥法師。

天平十二年十月八日，聖武天皇四十誕辰，審祥法師於寧樂金鐘道場（今東大寺法華堂）宣講六十卷《華嚴經》；當時空中現紫雲被覆春日山，天皇即賜采帛一千餘匹，皇后以下諸卿等亦各供檀。法師依《華嚴經探玄記》解說六十卷經達三年之久。天平十四年示寂，世壽不詳。著有《華嚴起信觀行法門》一卷。

韓國華嚴宗

華嚴宗（又稱圓融宗），於韓國主要有兩派：「海東宗」為新羅慶州芬皇寺元曉法師所創；「浮石宗」為浮石寺義相（湘）法師（智儼弟子）所創。

元曉法師（西元六一七至六八六年），諡號和諍國師，俗名薛誓幢，又名薛新幢、薛毛，號小性居士、西谷沙彌、百部論主、海東法師、海東宗主、誓幢和尚、高仙大師、元曉聖師。新羅國華嚴宗僧人，朝鮮半島歷史上的佛教大師，畢生致力將王室貴族佛教轉為生活化、大眾化，普及於民間，並在新羅率先弘揚淨土宗。

義相（湘）法師（西元六二五至七〇二年），新羅僧人及朝鮮華嚴宗之祖。西元六六一年前往大唐留學，隔年從智儼學習，西元六七一年時回國，文武王勅命建立「浮石寺」作為新羅華嚴宗根本道場。後前往海印寺、玉泉寺、梵魚寺、華嚴寺等華嚴十剎教學，悟真、智通、表訓、真定、真藏、道融、良圓、相源、能仁、義寂等門弟輩出，號稱「義相十哲」。

其他尚有數位法師弘揚華嚴宗義——

均如法師（西元九二三至九七三年），高麗華嚴宗僧人。十五歲隨堂兄釋善均至復興寺出家，禮識賢和尚修習佛法。後詣靈通寺，親近義順公，刻苦力學，潛心佛典，為高麗光宗時代的華嚴學者。

法師著有《華嚴搜玄方軌記》十卷、《華嚴孔目章記》八卷、《華嚴五十要問答》四卷、《入法界品抄記》一卷、《釋探玄記圓通鈔》二十八卷（以上皆佚失）、《華嚴經三寶章圓通鈔》、《釋華嚴旨歸章圓通鈔》、《十句章圓通記》、《一乘法界圖圓通記》各二卷，及《釋華嚴教分記圓通鈔》十卷等，今皆編入「均如大師華嚴學全書」。

宋代元豐八年（西元一〇八五年），高麗王子義天（西元一〇五五至一一〇一年）來華學習天台、華嚴宗義，並將中土久佚的智儼《搜玄記》、《孔目章》，法藏《起信論義記》、《探玄記》，澄觀《華嚴經疏》等重要註疏典籍奉贈慧因寺。

曹溪宗始祖普照知訥禪師（西元一一五八至一二一〇年），又稱智訥，俗姓鄭，號牧牛子，生於韓國京西洞州（今黃海道瑞興郡），為曹溪宗開山祖師，謚號佛日普照禪師。在高麗熙宗元年（西元一二〇五年）創曹溪山修禪社，倡華嚴教觀。

【註釋】

註一：參閱釋天恩《華嚴宗的流傳與在臺灣的發展》，華嚴專宗學院碩士論文，民國九十三年六月。

附錄

參考資料

【佛教典籍】

東晉·佛馱跋陀羅譯，《大方廣佛華嚴經》，大正藏冊九。
唐·實叉難陀譯，《大方廣佛華嚴經》，大正藏冊一〇。
唐·般若譯，《大方廣佛華嚴經》，大正藏冊一〇。
陳·真諦譯，《大乘起信論》，大正藏冊三二。
姚秦·鳩摩羅什譯，《大智度論》，大正藏冊二五。
後魏·菩提流支譯，《十地經論》，大正藏冊二六。
隋·智顗，《妙法蓮華經玄義》，大正藏冊三三。
東晉·慧遠，《大乘義章》，大正藏冊四四。
唐·杜順，〈華嚴法界觀門〉，大正藏冊四五。

唐·杜順，《華嚴五教止觀》，大正藏冊四五。

唐·智儼，《大方廣佛華嚴經搜玄分齊通智方軌》，大正藏冊三五。

唐·智儼，《華嚴一乘十玄門》，大正藏冊四五。

唐·智儼，《華嚴五十要問答》，大正藏冊四五。

唐·智儼，《華嚴經內章門等雜孔目章》，大正藏冊四五。

唐·法藏，《華嚴經探玄記》，大正藏冊三五。

唐·法藏，《華嚴一乘教義分齊章》，大正藏冊四五。

唐·法藏，《法界緣起章》，大正藏冊四五。

唐·法藏，《華嚴經問答》，大正藏冊四五。

唐·法藏，《華嚴義海百門》，大正藏冊四五。

唐·法藏，《華嚴經旨歸》，大正藏冊四五。

唐·法藏，《華嚴金師子章》，大正藏冊四五。

唐．法藏，《大乘法界無差別論疏》，大正藏冊四四。
唐．法藏，《華嚴遊心法界記》，大正藏冊四五。
唐．法藏，《修華嚴奧旨妄盡還源觀》，大正藏冊四五。
唐．法藏，《華嚴策林》，大正藏冊四五。
唐．法藏，《華嚴發菩提心章》，大正藏冊四五。
唐．法藏，《華嚴經傳記》，大正藏冊五一。
唐．法藏，《華嚴經關脈義記》，大正藏冊四五。
唐．慧苑，《續華嚴經略疏刊定記》，卍續藏冊五。
唐．澄觀，《大方廣佛華嚴經疏》，大正藏冊三五。
唐．澄觀，《大方廣佛華嚴經隨疏演義鈔》，大正藏冊三六。
唐．澄觀，《華嚴法界玄鏡》，大正藏冊四五。
唐．宗密，《圓覺經大疏》，卍續藏冊一四。

唐．宗密，《大方廣圓覺修多羅了義經略疏》，大正藏冊三九。
唐．宗密，《注華嚴法界觀門》，大正藏冊四五。
唐．宗密，《禪源諸詮集都序》，大正藏冊四八。
唐．宗密，《原人論》，大正藏冊四五。
宋．淨源，《金師子章雲間類解》，大正藏冊四五。
日．普寂，《華嚴五教章衍秘鈔》，大正藏冊七三。
元．普瑞，《華嚴懸談會玄記》，卍續藏冊八。
唐．道宣，《續高僧傳》，大正藏冊五〇。
宋．贊寧，《宋高僧傳》，大正藏冊五〇。
南宋．志磐，《佛祖統紀》，大正藏冊四九。
元．念常集，《佛祖歷代通載》，大正藏冊四九。
明．《神僧傳》，大正藏冊五二。

清．續法，《法界宗五祖略記》，卍續藏冊一三四。

【專書】

黃懺華，《佛教各宗大綱》，臺北：天華出版事業股份有限公司，民國六十九年。

呂澂，《中國佛學思想概論》，臺北：天華出版公司，一九九八。

牟宗三，《佛性與般若》，臺北：學生出版社，民國七十一年。

方東美，《華嚴宗哲學》上、下冊，臺北：黎明文化事業公司，民國七十八年。

張曼濤編，《華嚴思想論集》，臺北：大乘文化出版社，民國七十年。

張曼濤編，《華嚴學概論》，臺北：大乘文化出版社，民國七十年。

張曼濤編，《華嚴宗之判教及其發展》，臺北：大乘文化出版社，民國七十年。
李世傑，《華嚴哲學要義》，臺北：佛教出版社，民國七十九年。
釋演培，《佛教的緣起觀》，臺北：天華出版公司，民國七十九年。
方立天，《法藏》，臺北：東大圖書公司，民國八十年。
冉雲華，《宗密》，臺北：東大圖書公司，民國七十七年。
洪啟嵩，《宇宙的實相》，臺北：時報出版公司，一九九六年。
楊惠南，《佛教思想發展史論》，臺北：東大圖書公司，民國八十二年。
湯用彤，《隋唐及五代佛教史》，臺北：慧炬出版社，民國七十五年。
陳沛然，《佛家哲理通析》，臺北：東大圖書公司，民國八十二年。
吳經熊著、吳怡譯，《禪學的黃金時代》，臺北：臺灣商務印書館，一九七二。

鎌田茂雄著、慈怡譯，《華嚴經講話》，高雄：佛光出版社，民國八十二年。
龜川教信著、釋印海譯，《華嚴學》，高雄：佛光出版社，一九九七年。
高峰了州著、釋慧嶽譯《華嚴思想史》，臺北：中華佛教文獻編撰社，一九七九。
鈴木大拙著、洪順隆譯，《佛法大義》，臺北：慧炬出版社，民國七十六年五月初版。
木村清孝著、李惠英譯，《中國華嚴思想史》，臺北：東大圖書公司，民國八十五年。
川田熊太郎等著、李世傑譯，《華嚴思想》，臺北：法爾出版社，民國七十八年。
坂本幸男著、釋慧嶽譯，《華嚴教學之研究》，臺北：中華佛教文獻編撰社，民國六十年。
《二〇一四華嚴專宗國際學術研討會論文集・上冊》

【網路資料】

CBETA 財團法人佛教電子佛典基金會：https://www.cbeta.org/
台大獅子吼佛學專站：https://buddhaspace.org/main/
佛陀教育基金會網站：https://www.budaedu.org/
佛光山全球資訊網：https://www.fgs.org.tw/
慈怡主編《佛光大辭典》：https://www.fgs.org.tw/fgs_book/fgs_drser.aspx
香光尼僧團香光資訊網：http://www.gaya.org.tw/
華嚴蓮社網站：https://www.huayen.org.tw/
維基百科：https://zh.wikipedia.org/zh-tw/

國家圖書館出版品預行編目(CIP)資料

帝心杜順：華嚴宗初祖／蔡翔任編撰 — 初版
臺北市：經典雜誌，慈濟傳播人文志業基金會，2024.01
400面；15×21公分 —（高僧傳）
ISBN 978-626-7205-85-3（精裝）
1.CST：釋法順 2.CST：佛教傳記
229.3411　　112022691

帝心杜順——華嚴宗初祖

創 辦 人／釋證嚴

編 撰 者／蔡翔任
主編暨責任編輯／賴志銘
行政編輯／涂慶鐘
美術指導／邱宇陞
插圖繪者／徐淑貞
美術編輯／徐淑貞
校對志工／林旭初

發 行 人／王端正
合心精進長／姚仁祿
傳 播 長／王志宏

出 版 者／經典雜誌
慈濟傳播人文志業基金會
112019臺北市北投區立德路2號
客服專線／（02）28989991
傳真專線／（02）28989993
劃撥帳號／19924552　戶名／經典雜誌
印　製／新豪華製版印刷股份有限公司
經 銷 商／聯合發行股份有限公司
231028新北市新店區寶橋路235巷6弄6號2樓
（02）29178022
出版日期／2024年1月初版一刷
定　價／新臺幣380元